CONVERSACIONES
CON EL
OTRO LADO

TAMBIÉN POR SYLVIA BROWNE

LIBROS/TARJETAS

Las Aventuras de una Psíquica (con Antoinette May)
Astrology Through a Psychic's Eyes
Blessings from the Other Side*
Heart and Soul (tarjetas)
A Journal of Love and Healing (con Nancy Dufresne)
Life on the Other Side*
Meditations
The Other Side and Back (con Lindsay Harrison)*
Past Lives, Future Healing
Prayers
y . . .
My Life with Sylvia Browne (escrito por Chris Dufresne, el hijo de Sylvia)

La Series de **La Jornada del Alma**
(disponible individualmente o juntos en caja)

Dios, La Creación, e Instrumentos para la Vida (Libro 1)
La Perfección del Alma (Libro 2)
La Naturaleza del Bien y del Mal (Libro 3)

AUDIOS

Angels y Spirit Guides
Healing Your Body, Mind, and Soul
Life on the Other Side (audio libro)*
Making Contact with the Other Side
The Other Side of Life
Sylvia Browne's Tools for Life

y . . . *The Sylvia Browne Newsletter* (bimestral)

(Todos los títulos arriba mencionados—excepto la carta noticias—están
a la venta en su librería local. Esos sin el asterisco también pueden ser
ordenados llamando a Hay House al 760-431-7695 o 800-654-5126.)

Por favor visite la Página en el
Internet de Hay House al: **hayhouse.com**
y la Página en el Internet de Sylvia al: **sylvia.org**

CONVERSACIONES CON EL OTRO LADO

Sylvia Browne

HAY HOUSE, INC.
Carlsbad, California
London • Sydney • Johannesburg
Vancouver • Hong Kong

Publicado y distribuido en los Estados Unidos por:
Hay House, Inc., P.O. Box 5100, Carlsbad, CA 92018-5100
(800) 654-5126 • (800) 650-5115 (fax) • www.hayhouse.com
Hay House Australia Pty Ltd, P.O. Box 515, Brighton-Le-Sands, NSW 2216
télefono: 1800 023 516 • *e-mail:* info@hayhouse.com.au

Editorial: Jill Kramer
Diseño: Julie Davison
Traducción: Irasema Edwards

ISBN 1-56170-868-2

07 06 05 04   5 4 3 2
Impreso 1: Septiembre 2002
Impreso 2: Abril 2004

Este libro es dedicado
a la abuela de Sylvia,

Ada Coil,

quien proporcionó e
l viento que lleno la vela

§ CONTENIDO §

Prólogo

Este libro es una disertación de la vida, la vida después de la vida, y de la reencarnación, dado por Francine la guía espiritual de Sylvia Browne. En éstas páginas, encontrarás un punto de vista "gnóstico" del mundo y de la razón para la vida. Como siempre, alentamos al lector de "tomar lo que desee y hacer el resto a un lado". Ningún trabajo singular puede completamente capturar este enorme tópico. Nosotros simplemente ofrecemos este libro como un punto de reposo en la búsqueda de toda tu vida.

Nuestra meta, y esperanzadamente también la tuya, es el de estimular la mente para buscar a Dios—de la manera que tú lo desees. No intentamos reemplazar tu sistema de creencia. En lugar de eso, sólo esperamos el ampliar tu punto de vista para que incluya las áreas aún no exploradas. Cada persona encontrará y entenderá a Dios a su propia manera. Este libro ofrece un camino, entre billones, para encontrar a Dios.

Un maravilloso escritor T.S. Eliot, lo dijo muy bien: "No debemos dejar de explorar y el final de nuestra exploración será el de arribar donde empezamos y conocer ese lugar por primera vez".

— los editores

Introducción por Francine
(La Guía Espiritual de Sylvia)

Hay información que te daré aquí que nunca has escuchado de ningún otro médium. Hace años, no hubiera podido hablarte como lo haré ahora porque el mundo no estaba listo. No es porque la información es nueva; es tan antigua como lo eres tú. Yo no pido que tú necesariamente aceptes todo lo que digo, pero estoy convencida que en el fondo de tu corazón, conocerás de las verdades aquí mencionadas. Voy a hablar de la vida, la razón para existir, y el avanzamiento del alma.

Deseo que siempre mantengas una mente libre y abierta; nunca te sientas que estás atado por la culpabilidad o las normas sociales. Tu vida no estará "fuera del sendero" si estás en contra de las normas. Cada persona tiene su propio sendero. Y tomo una determinada opinión opuesta a cualquier grupo que obligué a los demás dentro de una cierta creencia seria. Yo sólo deseo—más que nada en este mundo con la ayuda de Dios—el aumentar tu curiosidad e imagen propia y ayudarte a tomar control de tu vida. No importa si tú eres escéptico o no. Más importante, sin embargo, es el hecho de que tú creas. Aún si hay una parte de ti que sea escéptica, entonces esa curiosidad en si misma es un factor de creencia.

Por años, hemos sido silenciados por las iglesias, la sociedad y las culturas. Pero si eres un pensador libre, entonces no serás fácilmente controlado. Tú sólo debes de ser controlado por el Dios interno y ninguna otra fuerza o presión debe ser considerada. El Dios interno te guiará en tu propio sendero de individualidad hacia tu búsqueda de conocimiento y de la perfección.

§ Parte I §

La Vida: Una Razón para Existir— Avanzamiento del Alma

¿Cuál es el propósito de vivir?

Todos ustedes son mensajeros de Dios, enviados a la Tierra llevando un mensaje. Pero éste mensaje está en clave y tú debes de descifrarlo dentro de ti mismo. En otras palabras, tú cargas con una parte de la emanación del Divino. Es como si fueras un pergamino de la Palabra de Dios.

Esverdad que Dios existe sin ti, pero *todos* ustedes son parte de Dios. Tú vivirás para siempre, tú has vivido siempre y nunca serás disminuido o perdido.

La spiritualidad significa, en esencia, encontrarte a ti mismo, encontrar al Dios interno y externo y pelear la batalla contra la negatividad. Mira, aunque sólo uno de ustedes saliera al mundo y demostrara su luz a los demás, entonces algo "gris" se volverá brillante. Así es como se pelea la negatividad y sólo se necesita a unos pocos de ustedes para lograr algo grandioso.

Cada uno de ustedes está aquí para avanzar su alma. Tú has escogido el experimentar la vida en orden para perfeccionar más rápido. Tú estás avanzando como una parte única de Dios, perfeccionando un aspecto de Él y Ella. [1]Dios experimenta a través de Sus creaciones. (En texto subsiguiente, nos referiremos a la "dualidad de Dios" usando los pronombres *Él o Su* para una referencia más fácil.)

Empieza a ver la vida como algo que tú debes sobrevivir. Es algo que puede ser divertido, pero también es muy tedioso. De la mejor manera que puedas, ve la vida como una escuela donde se sirve mala comida en la cafetería y los maestros no siempre son del calibre más alto. Saldrás adelante mucho mejor si conservas un buen sentido del humor.

¿Por qué Dios me necesita para aprender?

Dios, quien es todo conocimiento, necesita experimentar Su conocimiento. De ésta necesidad salió toda la creación, lo cual es la manifestación del sentimiento e intelecto de Dios. Cada faceta de Dios puede ser encontrada en Su trabajo. El amor perfecto entre nuestro Padre y Madre se volvió tan grandioso que empezó a multiplicarse dentro de si mismo, así creando a todos nosotros. No hemos convertido en el recurso que directamente experimenta los sentimientos para Dios. Somos, literalmente, una parte de Dios. Por lo tanto, cualquier cosa que experimentemos también es experimentada directamente por Dios. Si estamos teniendo algún tipo de dificultad, entonces Dios lo experimenta también. Si descubrimos una faceta jubilosa de la vida, entonces Dios también está ahí.

Es verdad que Dios nos necesita para experimentar. Sin embargo es más correcto el decir que Dios *es* nosotros, y así Dios experimenta directamente.

Dios tiene muchas más experiencias aparte de lo que hacen los humanos. Esto es verdad porque Dios tiene *todo* conocimiento, donde nosotros por comparación tenemos muy poco. Por ejemplo, vamos a decir que alguien lee todos los libros en como construir un barco, pero ellos no tienen ninguna experiencia práctica. Como resultado, ellos no tendrán el *total* entendimiento y sentimiento de cómo construir un barco. Sin embargo, sólo por medio del conocimiento, ellos experimentarán la esencia de la construcción de un barco, pero no al punto como si lo hicieran por si mismos. Del conocimiento de Dios somos el lado que siente. Pero por razón de la sabiduría sin limite de Dios, todas las experiencias que tenemos son de una gran magnitud para Dios. Dios experimenta a través de nosotros, pero puede absorber mucho más de lo que podemos entender.

¿Cómo debo de vivir mi vida?

La aceptación propia y el conocimiento propio indican que estás en tu sendero correcto. No te ataques constantemente a ti mismo por ser humano e imperfecto. Para de usar frases tales como, "Si hubiera hecho eso..." o "Si solamente..." Esas son innecesarias y son energías malgastadas. Cuida de tu cuerpo. Ten orgullo de ti mismo. No trates sólo con el pasado; eso puede ser muy debilitador. No te pongas demasiado emocional por pequeñeces. Si lo haces así, entonces cuando llegue el tiempo para que uses ese sentimiento para un mayor propósito, puede que te sientas como que el "poso está seco". El intelecto nunca se fatiga como lo hace los sentimientos. Cuando los sentimientos se fatigan, un vacío es creado y coloca una crisis de identidad. Entonces, solamente te sentirás como la mitad de una persona. Pero el rejuvenecimiento seguirá mientras esperas que el sentimiento se complete otra vez.

Así que, usa los sentimientos sabiamente.

¿Puedo cambiar mi sendero?

Todos temen el terminar con relaciones. "¿Cómo me puedo relacionar?" Ésta es una pregunta muy comúnmente usada. "Relacionar" simplemente significa el tener un total amor y comunicación con uno mismo—una constante comunicación. Esos quienes han hecho pasos más grandes son quienes se pueden comunicar consigo mismos. Si una relación se disuelve, es porque simplemente es el tiempo de seguir adelante. No quiero ser fría acerca de esto porque la aflicción también es parte de la vida.

¿Sabes que tan frecuentemente tú creas cosas? Por toda tu vida, tú creas "bolsas de seda usando las orejas de los puercos". Es verdad que tus ojos son cegados por lo que ves primero en una persona—una hermosa, gema brillante que es la parte eufórica del Otro Lado. La unión entre un hombre y una mujer es probablemente una de las alianzas más benditas y hermosas del universo. Pero no devalúes la unión entre amigos, la cual también es bendita y hermosa, aún si sólo dura por un corto tiempo.

Tú eres responsable de tu destino. Tu vida fue completamente planeada por ti antes de venir aquí. Todas las dichas y penas de la vida fueron conocidas de antemano. Este es tu camino escogido para alcanzar la perfección. Tú puedes cambiar tu vida sólo cuando el alma conoce que es tiempo para moverse a una experiencia diferente. Últimamente, tú experimentarás todo lo que planeaste, aunque sea doloroso, para el avanzamiento de tu alma.

Tú nunca cambias tu sendero principal, sólo los caminos pequeños. La carretera principal corre en un curso directo. Tú puedes tomar paseos para ver los "paisajes" a los lados, pero siempre regresarás al camino principal. Tú observarás a cada avenida y molestia en tu sendero antes de encarnar. Tú ves todos los caminos cortos y desviaciones, y lo que harías con ellos. Y siempre te preguntas, "¿Agregará esto a mi propósito?" Por ésta razón, si empiezas a salirte demasiado lejos del curso, la depresión empieza. El alma trata de recordarte, a través de la depresión, que tú estás fuera del sendero. La enfermedad física puede ocurrir si te sales demasiado lejos. Por ejemplo, si haces un trabajo difícil, eso te puede dar un dolor de cabeza. Si tú haces otra cosa, te puedes enfermar de tu estómago. Lo que otro puede soportar, o batallar, no necesariamente significa que debes también de soportar lo mismo.

Todos tienen sus propios senderos que tomar. No te amoldes tú mismo a otra persona. Tú puedes adoptar una "adoración de héroe" o gran respeto por alguien, pero tu propio sendero es único.

¿Cuánto se deja "a la suerte" una vez que encarnamos?

Cada vida es firmemente colocada en su lugar, sin tomar en cuenta todas las direcciones que pueda tomar. Como cuando viajas por una carretera, hay otros caminos que interceptan y separan. Tu vida es muy parecida a esa carretera; tú tienes una básica dirección en la cual debes viajar. Pero a veces tendrás varios caminos de donde escoger, todos de los cuales te llevaran a tu destino. Si das vuelta en una dirección, puede que llegues a parar en el desierto. Así que, sin importar lo que tengas enfrente para escoger, se supone que debes de viajar a una dirección—en tu propia carretera. Eso no significa que no puedes desviarte o perderte, pero la mayoría de las entidades encuentran su camino de regreso a la "carretera principal".

Todo lo que experimentas está planeado. Por ésta razón se recibe tanta consulta antes de encarnar. Tú no sólo examinas tu propia vida, pero también puedes examinar las influencias mayores a tu alrededor. Así también lo hacen todos los demás. Se convierte en una red gigante de la que tú nunca, nunca completamente absorberás con tu mente limitada. La complejidad de las muchas situaciones que encontrarás es mentalmente asombrosa. Muchos miles de personas participan en ello y un sin fin de detalles deben de ser implementados.

¿Qué firmemente colocado está mi futuro?

Al venir a la vida, tú esencialmente renunciaste a tu voluntad libre. Una vez que has planeado la vida, tú permanecerás en ese sendero. Tu voluntad libre funciona *antes* de una encarnación. Después de eso, tú estás actuando tu propio destino.

Se te es permitido el viajar por muchos caminos diferentes, pero tú debes de lograr tu meta final. En otras palabras, hay muchas maneras de arrojar un dardo, pero el debe de pegarle al blanco.

Tú sólo tienes un destino—el completar la misión por la cual viniste aquí. Este es el primer propósito total. Vamos a decir que tienes el tema de la vida de Justicia. [2] Tú escogerás vidas en las cuales este tema puede ser experimentado. Por ejemplo, si tú fuiste un Irlandés en una vida, tú puedes escoger ser un Inglés en la próxima. Esto te dará el balance de la justicia. La Justicia es tu empuje principal. Tú puedes escoger ciertas direcciones a lo largo del camino para completar el tema de Justicia—a lo mejor el salvar a alguien de ser falsamente encarcelado o sólo dar un gran discurso. Tus acciones no siempre tienen que ser vociferadas. Tú no tienes que tocar un tambor o cargar con estandartes. Pero el tema siempre es prevalente. Este es el secreto de tu completa vida—tu tema. Tú alcanzarás el destino final cuando llegues a tu último "punto de salida". Entonces sabrás, con toda seguridad, que tú has completado tu tema.

Muchas circunstancias que salen en tu vida parecen pasar por suerte. A lo mejor no se suponía que te ibas a quebrar tu pie, pero estaba ahí para escoger hacerlo. Si tú tomas esa opción, entonces puedes haberlo hecho en orden para tomar un descanso. O a lo mejor para ir al hospital y así poder asegurar la armonía entre dos personas quienes estén peleando. En otras palabras, tú nunca te alejas de tu tema. Siempre saltará enfrente de ti. Para una persona quien no tiene la "mentalidad de justicia", el escenario de dos personas peleando no sería algo en lo que necesitarían actuar. Pero una persona con un tema de la vida de justicia inmediatamente se envolverá en ello. Ellos dirán, "Esto *es* de mi incumbencia porque me está molestando". Así que, aún con ésta selección de circunstancias, ellos aún están completando su meta.

Vidas futuras son solamente planeadas dentro de ti. No están escritas donde yo pueda leerlas. Por ésta razón, comentarios de vidas futuras no son sensatos. Sin embargo, la terapia para las vidas pasadas son de un gran valor.

¿Debo de pasar por el trauma y la ansiedad?

Tú decidiste venir a la Tierra porque deseabas perfeccionar más rápido que otras entidades. Esto es algo a tu favor. Este es el último planeta que debe de ser ganado por el amor a lo bueno. No deseo darte la impresión que todo lo este planeta es malo, pero tiene la negatividad más gruesa de todos los mundos. Por toda la galaxia, la Tierra es conocida como "los pantanos". Todos ustedes quienes han decidido venir aquí tienen que estar lo suficientemente avanzados para salir triunfantes. Este planeta es la escuela más difícil que tú vas a experimentar.

Ahora, tú puedes decir, "Yo me he caído. Yo me he tropezado". Esperábamos eso. Nunca estamos preocupados con cosas que están relacionadas con lo físico. De las cosas que *estamos* preocupados, como la mayoría de ustedes deben también de estar, es la inflicción deliberada de dolor en otro individuo. Tú puedes sorprenderte al saber que esto pasa muy raramente. La mayoría del dolor infligido de un individuo a otro es cometido por defensa propia, o por la sobre vivencia.

Te quedas atascado en los pantanos. Incluso tus sueños son más extraños en este planeta. La Tierra es más surrealista que cualquiera de los otros planetas. La medicina es mucho menos avanzada. La inteligencia del entero planeta en mucho menos avanzada. Esto no es el estar negando a cualquiera de ustedes. Sólo se trata de que cuando vienes a la Tierra, hay un entorpecimiento de la mente. Esa es la razón que tantas veces puede que sientas que el conocimiento está tratando de entrar, pero algo lo está bloqueando. Las condiciones atmosféricas son mucho más gruesas aquí.

La gente puede decir, "Oh, yo no pude haber planeado morir violentamente"; "¿Por qué paso esto?", o "¿Por qué paso eso?" Como lo he dicho muchas veces antes, tú estás mirando sólo a una porción pequeña del tiempo. Tú no puedes ver la realidad de las cosas de tal punto estrecho. Tú puedes escoger morir violentamente por un grandísimo bien. Quien permanece aquí después de un asesinato o muerte de un ser querido son los únicos que deben perfeccionar esa pena. La entidad quien murió ya completo su trabajo como un catalizador para tu pena. Si no tomas a *cada* cosa horrenda y la conviertes en algo bueno, entonces es algo perdido para ti. Las almas más avanzadas toman una gran cantidad de trauma en orden para perfeccionar más rápidamente. En lugar de sentir pena por la persona quien ha tenido una vida miserable, como frecuentemente lo haces, deberías de sentir pena por quien ha tenido una vida absolutamente *maravillosa. Todos* ustedes van a meterse en dificultades. No hay manera de evitarlo cuando están en un cuerpo.

Pero no tienes que entrar en más dificultades que las que desees permitir que pasen. Los traumas no vienen a ti externamente o de ningún lado. Ellos están preordenados por *ti* para que pasen. Tú puede que digas, "debo de ser muy masoquista". No, no lo eres. Tú sólo querías poner a prueba a tu fuerza y ver si podías soportarlo.

¿Qué es lo que causa la ansiedad y la depresión?

Muchos de ustedes sufren de tensiones y de opresión. Deseo ser franca porque si tú conoces la razón por la cual te sientes de la manera que te sientes, es mucho más fácil tratar con ello. Si desarrollas un mal desconocido, eso te asustará. Pero si un doctor específicamente diagnostica tu dolor intestinal como una simple bacteria, tú sentirás alivio al saber que es tratable y no es mortal. Inevitablemente, la mayoría de ustedes sufren con la vida, y eso sí *es* mortal. Nadie nunca te da un diagnostico por tu dolor. Tú te sientes sólo y aislado por tus sentimientos y ansiedades. Tú no estás enfermo mentalmente, sólo estás cansado—cansado de andar de una parte del universo a otro; y cansado de tratar de alcanzar a la gente que no está lo suficientemente avanzada para escuchar tus palabras, creer en su propia fuerza sanadora, o comprender el poder que reside dentro de ellos mismos. Estos labores se vuelven muy agotadores.

No aceptes nada que no puedas entender. Todo lo que tú deseas saber puede ser difícil para la "limitada" mente, pero hay una respuesta para todo. Si no se da una respuesta, ahí hay un factor de control. Se te a dicho por las religiones y las sociedades secretas que no se suponía que debías saber o entender todo. Eso es una tontería. Tú *puedes* entender todo. O esencialmente, puedes ciertamente tener las respuestas de todo. No hay nada demasiado misterioso que no puedas preguntar o encontrar una respuesta para ello. Yo no estoy prometiendo que tú completamente entenderás lo que descubras, pero habrá siempre una respuesta.

Tú ya estás dentro de un cuerpo que es pesado. Tú cuerpo es un vehículo en el espacio, en un mundo que está hecho de antimateria. Tú vives en lo que llamamos una "cinta estática", una cinta eléctrica. Tú constantemente eres bombardeado por tu atmósfera. Como resultado, tu cuerpo pesa demasiado en ti. Aún tu cabeza pesa demasiado sobre tus hombros. Aunque estés acostumbrado a ese peso, es muy diferente de tu ser eterno. Si tú agregas todo esto a la tensión y las dificultades de la vida, tú entonces así eres una entidad miserable.

La competencia, así sea social o en las áreas tecnológicas, crea más tensiones. Esos de ustedes quienes vinieron dentro de esta vida y decidieron entrar a sociedades "avanzadas", querían perfeccionar más rápidamente. Tú puedes decir, "¿Bueno, que tal si hubiera nacido en los barrios de la India? Eso sería peor". No, tú no tendrías tantas tensiones. Tú no estarías en una competencia. Tú no tendrías la presión de tus colegas. Cuando la vida está dedicada sólo a la sobre vivencia, no es tan tensa como la de una dentro de una competición. En la India, tú sólo estás compitiendo para las cosas de mano-a-boca. Es ciertamente una vida difícil, pero no es tan dañadora para el alma.

Yo no deseo sermonearte. Sólo estoy preocupada acerca de la depresión por la que pasas, con los problemas que confrontas de peso y las tensiones que afrentas. Muchos preguntan el porque ellos no pueden encontrar la felicidad, o acceder a su "ser interno". Esto es el resultado de hábitos dietéticos, tensiones y la dificultad para comprender el significado de la vida.

Estamos encontrando a más y más gente quienes *son* felices. Sin embargo, algunos están parados dentro de su felicidad y están gritando, "¿Por qué no puedo ser feliz?" La felicidad significa que elevas tu alma, que tienes todo lo que necesitas, que estás viviendo, estás funcionando y estás trabajando para Dios. Eso es la felicidad.

¿Por qué reacciono tan fuertemente a situaciones de la vida?

¿Has alguna vez ido al dentista para una limpieza de dientes y luego te quejaste de ello? Sin embargo, tú estuviste ahí porque así lo escogiste y sabías que se tenía que hacer esa limpieza. El reaccionar a situaciones de la vida es parte del plan. Tú estás aquí para experimentar todo. Al hablar de tus emociones, tú puedes tratar mejor con tales cosas. No hay nada malo con quejarse. Estoy más preocupada de la persona quien nunca se queja. No sugiero que debes de enfurecerte todo el tiempo y que patees y grites. Nadie desea estar alrededor de una persona quien está fuera de un balance emocional.

Tú no puedes tomar la constante descarga de transgresiones hacia a ti y no reaccionar. Y no quiero decir de una manera violenta. Muchas veces una persona se cierra en si mismo o sólo no responde. Para esa persona, ese método funciona. Sin embargo otra persona tendrá que airar su enojo. Todos son diferentes. La tragedia es de que, con la religión, la sicología y la cultura, tratamos de hacer a todos homogéneos—simpáticos, callados, organizados y seres humanos controlados. Las escuelas también tratan de hacer esto. Todos tienen que ser limpios, callados y perfectos. ¿Pero qué tal acerca de los niños quienes desean airar sus propias personalidades? ¿Por qué son detenidos? La misma cosa pasa con los adultos. ¿Por qué la gente constantemente se colocan ellos mismos en una posición donde se les previene de ser ellos mismos? "No se me permite decir eso", es el grito de muchas entidades.

Si estás en una posición donde no puedes hablar o actuar libremente, tú no te estás permitiendo crecer. No me refiero necesariamente en tu trabajo. Tú no puedes acercarte a tu jefe y decir, "Mira, yo creo que estás loco". Pero si no tienes ningún lugar a donde desahogarte, tú entrarás a un trabajo y situación de vida donde estarás estancado. Pronto, tendrás una situación en el hogar en el cual no podrás crecer. ¡Entonces eventualmente descubrirás que tu carro no funciona! Tú puedes pensar que el problema de carro es sólo una coincidencia, pero es realmente el resultado de frustraciones acumuladas que te encarcelan. Últimamente, dirás, "Mis hijos no están bien, mi esposo no está bien, mi trabajo no está bien y ahora mi carro no está bien".

La gente oculta sus sentimientos verdaderos porque ellos temen que no van a ser amados incondicionalmente. "Si no me confino y me suprimo, entonces yo no seré amado. Así que lo más que me suprima yo mismo, lo más que todos pensarán que tan maravilloso soy". Este concepto erróneo continua hasta que llega el día cuando *tú* ya no piensas que eres maravilloso. Entonces todo empieza a molestarte.

¿Cómo debo reaccionar al trauma?

Es la resistencia a la vida lo que causa dolor. Todo lo que realmente necesitas es el total y completo conocimiento que Dios nunca permite que nadie necesite o quiera algo. Cada persona escoge estar en una posición de necesidad para la perfección de su alma. Y cada persona tiene la habilidad—el poder interno—para cambiar tales situaciones.

Una vez que la necesidad por alguna cosa es removida, hay una "abundancia". *El fluir de la vida es una regla cardenal en el universo.* Si tú no bloqueas el camino, el camino te llevará. Esto aplica a todo ser humano. Es lo mismo con el dolor. Una vez que es experimentado y reconocido, entonces puede ser tratado. El temor al dolor, o el temor que acompaña al dolor, es lo que es tan intenso. Similarmente, es el temor de la vida lo que guía a la mayoría de tus problemas.

¡No estoy sugiriendo, sin embargo, que corras con la marea de las masas! Tú puedes ser individual. Thomas Edison, y otras grandes personas, pudieron correr en su propia marea. Si tú conoces alguna cosa acerca de Albert Einstein, tú sabes que él no le permitió a nadie que lo molestara. Él, también, dirigió su propia vida.

La mayoría de los problemas que vemos en tu plano son creados porque tú realmente te empujas *contra* la vida en lugar de ir con ella. Hay un estado mental disciplinado que te permite fluir con la corriente de la vida. Pero es tan sencillo que la mayoría de la gente lo ignora. En otras palabras, si una mala relación ocurre, o se pierde un trabajo, o pase cualquier otra cosa que no sea placentera, tú no debes preocuparte y batallar con ello. En su lugar, responde diciendo, "voy a estar en ésta situación por el tiempo que yo pueda y luego simplemente me alejaré de ella y trataré con otra". La gente literalmente carga con situaciones hasta el morir porque ellos tienen lo que Sylvia llama una fatal mentalidad de "sólo una vez" acerca de todo. "Si pierdo este trabajo, no voy a tener otro. Si pierdo a esta persona, nunca va a haber otra como ella". ¡*Por supuesto* que lo habrá!

Incluso con la perdida trágica de un niño, hay aún algo que tomará el lugar del niño. La mayoría del tiempo, la gente trata tan duramente de mantenerse de estar incómodos, sin penas y sin que les falte algo, que ellos crean la misma situación que están tratando de evitar. Ellos crean un vórtice emocional para si mismos donde ellos se vuelven necesitados, llenos de frustraciones y preocupaciones.

¿Importa realmente si tú te mueves de un lugar a otro? Igualmente, nuestros seres queridos sólo se regresan a nuestro Hogar temprano. Tú eventualmente los verás otra vez en el Otro Lado. Es muy difícil el explicar a los seres humanos que la vida tiene un gran plan. Aunque hablamos exhaustamente acerca del Otro Lado y como todo eventualmente se empareja por si mismo, las frustraciones aún crecen. El permitirte a ti mismo el correr con la vida es parte de centrar el ser de uno.

Por ejemplo, algunos padres dirán cuando sus niños crecen, "Yo soy más paciente ahora. Yo puedo tratar con mis hijos". Pero ese no es el caso. En algún lugar por el camino ellos aprendieron a dejarse llevar por la vida y eso es realmente de lo que la paciencia se trata.

Infelicidad sólo ocurre cuando tú no estás corriendo lo suficientemente bien con la vida. ¿Te has dado cuenta que el 99 por ciento de tus temores nunca llegan a culminarse? Pero si sólo una pequeña parte de algo que tú temes se vuelve realidad, tú dices, "¡Ya lo sabía!" No sólo eso, pero esa afirmación intensifica a *todos* los temores que tú hayas tenido. Tú incluso puedes pensar que eres lo suficientemente psíquico para saber que todo lo que temes se volverá realidad. Ningún ser humano sufre tanto trauma. Tú puedes ver a tu alrededor y decir, "Pero esa persona fue asesinada". Sí, ella lo fue, pero posiblemente cruzó muy rápido y ahora está en Casa. No estoy disculpando el asesinato; Sólo estoy diciendo que tal atrocidad es sólo parte de un gran plan.

Vamos a ver a la vida como una escuela otra vez. Vamos a decir que un estudiante en tu salón hace algo malo y es expulsado. Por un corto tiempo, todos reaccionarán y dirán: "¿No es eso terrible? ¿Qué fue lo que paso para causar eso?" ¿Diez años más tarde, será significante esa ocurrencia? ¿Están ellos directamente entrelazados en tu vida? ¿Te están afectando ellos ahora? Sin embargo por un breve tiempo, todos dicen, "Me da tanto gusto que yo no soy uno de esos estudiantes malos". Todo es transigente. Todo cambia.

¿Es permitido el enojarse con la gente y con las situaciones?

No seas tan escrupuloso con tus pensamientos. *Los pensamientos son cosas,* pero date cuenta que tú eres humano. Conoce que debes de airar tus sentimientos. Le dije a Sylvia hace algún tiempo que el enojo es una depresión inversa y los psiquiatras han sabido de ésta verdad por años. El enojo es inverso porque no puedes pararte y ser quien tú eres porque tienes temor de una desaprobación. ¿Sin embargo, a quien admiras en la vida? Tú admiras a los excéntricos, esos quienes hacen lo que ellos desean. Yo no me refiero a la gente que lastima a otros, pero de esos quienes pueden vivir sus vidas de la manera que desean. Si eso es lo que se toma, entonces se un excéntrico.

Tus palabras no deben de ser vigiladas. No quiero decir que puedes maliciosamente lastimar a alguien; pero si le pides a Dios que te ayude a hablar solamente la verdad, tú no te tienes que preocupar acerca de editar tus palabras. Si alguien mal interpreta lo que dices y se enoja contigo, eso realmente es su problema concerniente a su propia perfección. Tú siempre tienes algo para escoger cuando escuchas a alguien. El enojo es infligido por ti mismo. Puede que digas, "Esta persona me hizo enojar". Pero eso no es verdad. *Tú* te hiciste enojar. O, "Esa persona me lastimó". No, *Tú* te lastimaste.

Muchas veces cargamos a gente en nuestras espaldas porque pensamos que estamos haciendo una buena obra. Si tú cargas a un bebé quien levanta sus brazos hacia ti todo el tiempo porque no quiere caminar, entonces las piernas de ese niño se atrofiarán y ellos nunca van a caminar. ¿No has entonces dañado a ese niño con una bondad mal puesta?

Jesús dijo, "Ama a tu prójimo como a ti mismo". Ahora, permíteme ser más especifica y tratar de que sueltes a algunas de tus culpas. Es posible que no te puedan caer bien todos, pero por ese "ama a tu prójimo" que se te ha inculcado, tú estás convencido que es erróneo el que no te caiga bien la gente. Al contrario, es *erróneo* el que no te caiga mal alguna gente. Permíteme decirte el por qué. Si a ti te va a gustar y va a importarte toda persona (y no estoy hablando acerca del amor—llegaremos ahí más tarde), hay algo mal con tu personalidad. Tú estás deficiente como una persona completa. Una persona tiene gustos y repelencias definitivas, senderos que ellos siguen, senderos que ellos no seguirán. Tú debes de tratar de amar a las almas de todos y desearles lo mejor, pero ciertamente a ti no te deben de caerte bien o gustarte sus acciones. El asociarte con una persona que intensamente te cae mal es erróneo. Ello diminuye a esa persona y a ti mismo. Muchos matrimonios, amistades y relaciones de familia seguido incluyen a gente que no se pueden tolerar. Esto da causa a la culpa, la pena, y detiene el crecimiento espiritual; tú estás trabajando tan duro para ser perfecto que eso sobrepasa a todo.

El enojo es probablemente uno de los motivadores más positivos que tú posees, sin embargo siempre se te ha dicho que no estés enojado. Tú *debes* de enojarte cuando se trata de injusticias. Tú *debes* de ventilar tu enojo justificado. Tú eres de mente sana y sabes que no vas a ser agresivo. Hay una diferencia entre la agresión y el enojo. Tú desarrollas tantas enfermedades porque inviertes el enojo y la mayor parte de ello es enojo hacia a ti mismo. Cuando inviertes tu enojo, tú creas una gran sobre abundancia de adrenalina, tú desarrollas un caso de indigestión ácida y así tú contraerás la disentería. Mira, si no sueltas tu enojo de alguna manera, tú lo vas a soltar de otra.

La gente dice, "estaba tan enojado, que lloré". ¿Tú sabes el por qué paso eso? Tú no podías dejar salir el enojo, así que tus conductos lagrimosos se abrieron. La gente también dice, "me molesté tanto, que vomité". Esa es otra manera de soltar físicamente tu enojo. ¿Por qué no puedes darle el frente a un individuo y decirle, "eso lastimó a mis sentimientos. No me gustó lo que dijiste"? Tú temes el ser rechazado. ¿No es mejor el sentirse rechazado que el ser deshonesto cuando se trata de tus sentimientos? ¿Tienes conocimiento de los efectos secundarios de suprimir el enojo? Tú empiezas a aislarte y a ignorar a la gente, lo cual los deja preguntándose que es lo que está pasando contigo.

Tú tienes todo el derecho de removerte de esa situación dolorosa. De otra manera, ello detendrá a tu crecimiento espiritual. Si has pasado un año o dos con un individuo y no hay absolutamente ningún mejoramiento en tu relación, tú estás desperdiciando tu tiempo si sigues más tiempo con ellos.

Sólo *tú* puedes juzgar que tan profunda es una herida, que tan profundamente has sido afectado por una situación y que tan hondamente has sido injuriado por ella. Esta es la única vez que puedes juzgar. ¿Cuánto te molesta algo? ¿Detiene eso a tu crecimiento? ¿No puedes funcionar con eso? ¿Te lastima demasiado? Si una relación tiene cualidades positivas; si un individuo entra y sale de la negatividad y no hay reproches, o si tú puedes neutralizar tus sentimientos, entonces la relación vale la pena seguir.

Si tú no puedes alejarte de un individuo, entonces tú debes de neutralizar su impacto en ti. Al neutralizarlos a ellos, tú te aíslas a ti mismo para que ellos ya no puedan lastimarte. Este proceso usa la parte objetiva de ti mismo, para que así tú no subjetivamente traduzcas una mala relación como un rechazo personal.

No quedes atrapado en la creencia trágica de que tú puedes cambiar a alguien. Aunque algunos matrimonios están edificados en ésta creencia, como también lo están algunas relaciones de familia, tú estás últimamente edificando tu casa en una fundación de arena.

¿Hay una manera "apropiada" de ser?

Una cosa de la que te tienes que cuidar es el de hacer a otra persona responsable de tus necesidades. No solamente te agota, pero agota a la otra persona. Es como el viejo dicho de Edwin Arlington Robinson: "El amor debe tener alas para volar lejos del amor, y para poder volar de regreso". Las relaciones más duraderas en el mundo han sobrevivido en la libertad. La única razón que tú verías a otra persona y dirías, "Tú haces el total de mi vida", es porque hay una deficiencia dentro de ti. Eso es un esquema de perfección que necesitas superar.

Si encuentras que eres una persona a quien no le cae bien la gente, tú tienes un gran problema. No sólo está tu mundo lleno de gente, pero de donde vienes está lleno con gente también. *La cosa más grandiosa que tú harás en ésta vida es el tratar de llevarte bien con la gente.* Esto no significa el constantemente dar más de lo que tú deseas. Simplemente significa el ser amistoso. Está perfectamente dentro de los derechos de alguien el demostrar enojo y temor. El problema con muchos psicólogos es de que ellos tratan de hacer que hables de tales cosas. Hay algunos sentimientos que no pueden ser puestos en palabras. Algunos sentimientos deben de ser actuados y hay otros que, desdichadamente, no pueden ser aceptados.

En otras palabras, si tú estás tremendamente frustrado, tú no puedes salir corriendo a la calle y gritar. De cierta manera es una lástima, porque ésta acción no lastima a nadie. O si te encerraras en un cuarto y rompieras cosas, eso no lastimaría tampoco a nadie. Tú te encierras dentro de tu propio cuerpo, en un vehículo que no trabaja exactamente como se supone que debe y tienes una memoria subconsciente de un cuerpo libre de pesadez y enfermedades. Eso, en si causa frustración. ¿Sabías que a Jesús no le caían bien todos? A él no le caían bien los Fariseos; él no podía soportar a los Sanedrín; él no podía tolerar a los gobernadores de Roma; y sin embargo a él le importaba el bienestar de toda la gente. ¿Entiendes esta noción? Es imposible para ti el caminar por ahí y verdaderamente amar a todos. Cuando tú dices hacer eso, tú has prostituido la palabra *amor.*

Tú has usado la palabra *amor* tanto que cuando se llega verdaderamente a amar y a querer, tú ya no puedes medirlo. La mayoría de ustedes, puedo verdaderamente decir que, "les caen bien" y "les importan" otros. Muy pocos encarnados conocen lo que es el verdadero amor. Esto no es porque eres deficiente; es porque en tu plano de existencia es casi imposible el comprenderlo. La infatuación, experimentada en esos momentos iniciales o en los primeros meses de una relación, es probablemente la manera más cercana de describir el "amor" en mi lado. Pero adonde estoy, debes de multiplicar eso por 1,000. Una vez que obtengas una pequeña muestra de este sentimiento con un nuevo compañero o amigo, tú estarás constantemente buscándolo otra vez. Pero mientras vas envejeciendo y te vas agotando, lo menos frecuente llegará eso. Sin embargo, algo debe de reemplazarlo; alguna paz interna y el conocimiento de que estás terminando tu tiempo aquí y estás en camino a Casa.

Tú puedes escoger compañeros en tu camino; sin embargo, cada uno de ustedes caen dentro de un estado de aislamiento por causa del cuerpo físico y el hecho de que no puedes integrarte con otra persona. Nosotros como guías espirituales somos probablemente los más cercanos a ti que cualquier otro ser humano pueda ser.

¿Recuerdas cuando inicialmente estás romántica y locamente enamorado de alguien? En ese estado de elevada euforia, a ti no te importa si tu carro no arranca o si pierdes tu trabajo. ¿Te das cuenta a lo que me refiero? Aunque te importara, sería muy mínimo. ¡Pero deja que la infatuación se acabe y *entonces* si tu carro no arranca y pierdes tu trabajo tú entras en una angustia y aflicción! Las únicas relaciones amorosas que duran son esas que tienes con tu Dios y contigo mismo; y aún en el profundo y permanente amor que tienes por la gente a tu alrededor. Estoy hablando acerca del amor confortador.

La infatuación en tu mundo es maravillosa, pero se le debe de dar precedencia más baja que al conforte y al compañerismo. La gente seguido hace un compromiso y luego lo deja porque están buscando a esa emoción gigante. Eso no pasa seguido y ni dura. La gente que busca a esa infatuación últimamente envejece antes de su tiempo porque su cuerpo no la puede sostener; es demasiado intensa. Como tú ya conoces, cuando estás en un estado de infatuación, tu corazón late más rápido, pierdes el apetito, tu cara se ruboriza, no puedes dormir y también tu presión se eleva. Tú no puedes sostener ese estado—eventualmente mueres.

Cuando encontramos a uno de ustedes en un estado de infatuación, nosotros actualmente podemos ver la aura centellear y brotar por todos lados. ¿Sabías que después de la infatuación, hay un periodo gris? Si pasas por él, entonces usualmente se vuelve en un verde o azul brilloso, lo cual significa que un rejuvenecimiento o tranquilidad ha tomado lugar.

Tú eres un ser eléctrico y estás en control de ésta electricidad. Tú debes de visualizar tu aura para que se vuelva más verde o azul, o a lo mejor aún de varios verdes y azules. Tu aura también debe de ser confinada cerca de tu cuerpo, sin salir muy afuera. La mejor aura es una que está cerca del cuerpo. Tú tendrás dos o tres capas en tu aura cuando la aura está más cerca del cuerpo, se vuelve blanca o clara, casi como una silueta. Si tu aura se entiende de tres a seis pulgadas de tu cuerpo, entonces tú estás en un estado de emoción. Cuando tu emanación eléctrica sale fuera de unos tres a cuatro pies, es eso lo que vemos durante una infatuación.

Si constantemente estás viviendo en el pasado con lo que podía haber sido o lo que no fue, entonces detendrás tu crecimiento espiritual. Si estás constantemente preguntándote todo el tiempo acerca de lo que la gente piensa de ti, tú detienes a tu crecimiento. Si tú constantemente permaneces con alguien quien intensamente te cae mal sólo porque la sociedad ordena que lo debes hacer, tú detienes tu crecimiento. ¿Te hace eso insensible, un ser humano sin sentimientos si haces éstas cosas? A lo mejor la sociedad así lo crea, pero tú debes de saber que, en actualidad, tú estás sólo y estás siguiendo tu propio sendero individual para regresar de donde viniste.

Si yo solamente pudiera animarte de no ser tan obsesivo acerca de cosas tales como el mañana, el próximo año, o los problemas de dinero, entonces tu vida sería mucho más fácil. Tú puede que digas, "Pero debo de vivir". Sí, sí debes. Pero las cosas solamente van a ser de una manera o de otra. Créeme cuando te digo que todos sobreviven las preocupaciones de dinero, las preocupaciones de negocios y las preocupaciones del amor. Tanta energía innecesaria es gastada en preocupándose acerca de cosas que ya están predestinadas por ti.

El dinero es muy parecido al amor. Debe de ser obtenido y ser dado. Si el dinero es recibido y guardado, no se reproducirá. La gente se preocupa mucho acerca de los bienes materiales. He hablado con gente constantemente en sesiones privadas y ellos me preguntan, "¿Soy muy materialista?" Casi en cada ocasión, he contestado que no. Muy raramente he visto a una persona, sin importar sus bienes, casas, o carros, quien he sentido que está verdaderamente atrapado en posesiones materiales. La gente *está* atrapada en las cosas materiales cuando les importa demasiado, casi de una manera consiente de si mismo, acerca de lo que la gente piensa de ellos. *Eso* es el ser atrapado en materia. La solución es tan simple. Te importa la mayoría de la gente y deseas que a ellos les importes tú. Si ellos no lo hacen, entonces hay otros que lo harán. Esto es el mejor modo de comportamiento. Esto es lo que te hace más espiritual.

Mira, al calmar la mente y conociendo que Dios eventualmente—no solamente el interno pero el externo—se hará cargo de todas las cosas y dejará la puerta de comunicación abierta para que nosotros entremos. No podemos entrar cuando estás constantemente lleno de ansiedades acerca de dinero o de una relación amorosa. No parecemos poder convencerte de calmar a tu mente lo suficiente para que nosotros podamos comunicarnos. Tú puedes ser sencillo y aún muy intelectual. Eso significa que te importa lo más menor al igual que también lo más mayor. Es un proceso completo de re entrenar a tu mente.

Se sencillo. Entra en tu hogar, así sea un apartamento o una casa, cierra la puerta, y da gracias de que tienes cuatro paredes y de que ellas te reflejan a ti. Da gracias por el trabajo que trae dinero para que así puedas comer y vivir, por los amigos a tu alrededor, y por un país hermoso en el cual puedes disfrutar los océanos o las montañas. Yo no quiero sonar como esos tales llamados gurus quienes quieren que seas tan sencillo que vacíes tu mente. Yo he sido llamada muy del "Occidente". Yo encuentro esa observación muy extraña porque mi filosofía es muy del Oriente. Soy considerada del Occidente, a lo mejor, porque creo en la activación al igual como en la pasividad—*la activación*, definida como el hacer algo contigo mismo; y la *pasividad*, definida como el dejar que la vida te lleve. También le he dicho esto a Sylvia—no batalles contra la corriente, deja que la corriente te cargue. Peleando contra la vida detiene el crecimiento espiritual porque el camino se vuelve más difícil. En el sendero que tú has escogido, trata de evitar colocar una roca tras otra enfrente de ti. La mayoría de estos bloqueos tumbadores son creados por ti. Oh, sí, hay muchas clases de bloqueos tumbadores—periodos de aflicción, periodos de alegría, periodos de soledad. Pero tu estado mental determina que tan bien tú pasarás por ellos.

Si cada mal paso que hicieras fuera abiertamente, tú podrías fácilmente identificarlos y detenerlos inmediatamente. Cuando tú eras pequeño, todo lo que tenías que hacer era meter tu dedo en tu nariz y alguien te regañaba, "Eso se ve feo y asqueroso". Entonces dejaste de hacerlo. Si todo lo que hicieras fuera visible para el mundo y alguien dijera, "Eso es asqueroso", tú pararías de hacerlo. Tú aprenderías rápido. En otras palabras, tú entenderías al comienzo que tus acciones no son socialmente aceptadas. Así que, empieza a actuar en público de la misma manera que lo haces en privado.

Tú también debes de re-condicionar a tu mente, como lo haces con tu cuerpo cuando empiezas a nadar, correr, o jugar deportes. Tú puedes darte cuenta cuando tu cuerpo empieza a ponerse en buena forma. Similarmente, cada vez que tú reconoces uno de tus problemas personales, di, "no me gusta esto acerca de mi mismo; así que, dejaré de hacerlo". Y quiero decir que lo corrijas *inmediatamente*.

Reprogramate a ti mismo para reconocer que tú no eres la parte negativa de tu comportamiento. La mayoría de los seres humanos sólo se identifican ellos mismos con lo negativo. Si le pides a la gente que se describan ellos mismos, ellos inmediatamente sacarán lo negativo porque ellos temen tanto acerca de declarar primero sus mejores atributos. Los métodos más sencillos son los que siempre son ignorados.

¿Qué es lo que causa tal comportamiento diverso en la gente?

A través de todas tus vidas, tú has sido inundado con la información errónea. Cuando regresas dentro de vida tras vida, tú eres programado dentro de otro tipo de "normalidad". Tú eres inundado por toda clase de comportamiento moral, de mandamientos, de reglas de iglesia, y de leyes. Así que se vuelve terriblemente difícil el figurar lo que es correcto.

La crianza de uno en un estado de encarnación hace a una persona obsesiva. Si hay alguien que esté leyendo este libro quien piensa que no es obsesivo, yo puedo probar lo contrario. Conociendo que la obsesión existe, aún dándote a ti mismo un sentido de libertad, es maravilloso. Todos pueden alcanzar este estado.

Cuando una sociedad extremadamente rígida existe, eventualmente se cambia a condiciones amorales extremas. Esto puede ser muy beneficial porque si tú has sido conservativo en una vida, tú puedes anticipar que en otra vas a ser liberal.

¿Qué es lo que causa las enfermedades psicológicas?

Éste es el único planeta donde existe el cáncer. No hay otro planeta con ésta enfermedad. Lo más que la gente esté enredada con la negatividad, el más odio-propio ellos infligirán en si mismos y en cada otro, y el más cáncer que habrá. Si tú dejas de odiarte a ti mismo, tú no tendrás cáncer. Yo no me refiero a cuando no te gustan algunas cosas acerca de ti mismo. Me refiero a cuando tú *realmente* te odias a ti mismo, o realmente odias tu vida. Lo que estoy diciéndote, en esencia, es de que tú tienes una cima muy alta para escalar. Pero más importante que eso, yo creo que todos ustedes alcanzarán esa cima. Tú puede que pienses que no vas a lograrlo, pero sí lo harás.

Las personalidades múltiples son una cosa completamente diferente. La mayoría de los casos—99.9 por ciento—ocurren porque una persona no puede figurar en cual vida ellos están. En otras palabras, recuerdos subconscientes de sus vidas pasadas penetran dentro de los pensamientos concientes de su vida presente. Esto es conocido como un "derrame" de sus muchas vidas y pueden abrumar su mente y totalmente interrumpir su vida.

¿Es mejor el ser una persona activa o pasiva?

Nunca hemos visto a nadie obtener un empuje inmenso de espiritualidad siendo pasivo. Yo no estoy en contra de ninguna religión o secta excepto por las que manipulan las mentes de la gente o crean el temor. Las que encontramos verdaderamente inútiles son esas que requieren años de encerramiento y oran pasivamente. La espiritualidad es una fuerza avanzadora y empujadora. Tú nunca has escuchado acerca de que Jesús estuvo sentado de piernas cruzadas y orando por horas a la vez. En lugar de eso, él estaba fuera con las masas—hablando, platicando, activando, sanando, predicando. Esto no quiere decir que tú tienes que volverte un evangelista. El maestro predicador más grandioso en el que tú te convertirás será para ti mismo.

¿El extrovertido avanza más rápidamente que el introvertido?

Sí, así es, pero no el extrovertido falso. Un extrovertido es una persona quien genuinamente se compromete a Dios de ser tan simpático como lo puede ser y cree más allá de cualquier duda que Dios lo cuidará—interna y externamente. En este compromiso, Dios proveerá conocimiento infundido y una dirección para la vida. Así, él podrá permitirle a la vida hacer lo que desea con él.

¿Vale la pena el esfuerzo de la tensión de vivir?

En la humanidad, encontramos grandes emociones y humor. El único mensaje que deseo que realmente tomes es este: detente de tratar de inventar y reinventarte a ti mismo. El movimiento de conciencia es una cosa maravillosa. Sin embargo, hay una extremada *pared gruesa* con la que te vas a topar. Tú vas a estar tan ocupado haciendo que tus emociones se vuelvan "fijas", y convirtiéndote a ti mismo en una entidad perfecta, que nadie querrá vivir contigo.

Si tú no haces nada más que sobrevivir tu vida y tratar con la densidad de tu propio cuerpo—pataleando y sobreviviendo a través de ella—entonces tú has completado algo para Dios y para tu alma.

¿Podemos tener esperanza de que mejore el mundo?

El planeta Tierra, a razón de su estupidez y ciclos negativos, debe regresar infinitamente. Una vez que otros planetas experimenten la lección de inquisiciones y eventos horrorosos, éstas atrocidades ya no tomarán lugar. Tu planeta, sin embargo, tiene la tendencia de repetir tal flagrancia. Irónicamente, esto es muy beneficial porque sin éstas presiones negativas, tú no hubieras acelerado tan rápidamente como lo hiciste. Así que cuando ustedes se miran uno al otro y saben que todos ustedes son mensajeros de Dios, entonces están un paso más cerca para mejorar el mundo.

Hay un número limitado de años que le quedan a la Tierra. En este tiempo, el movimiento espiritual debe levantarse para que así el planeta pueda ser "salvado". No hay tal cosa como algo "perdido". Vamos a usar la palabra *salvado* en este contexto como "cuando todos perfeccionen sus almas". Si tú no puedes alcanzar este nivel, tus esfuerzos han sido malgastados. ¿No es ésta la razón por la que tantos de ustedes decidieron venir aquí? Evidentemente, ésta es la razón por la cual la población está sobre creciendo. Es porque todos desean encontrar la verdad. La verdad real, por supuesto, está en el centro de sus propios seres. Desdichadamente, la mayoría de la gente descubre solamente verdades en parte. Estos individuos viven temiéndole a la vida, lo cual es la razón que se forman cultos con resultados frecuentemente desastrosos.

Los aspectos negativos de la vida existen en el nombre de la perfección del alma. Las barreras raciales, por ejemplo, están colocadas para poner a prueba al alma. Retos como el ser chaparro, alto, feo, hermoso...le da a cada persona un ambiente para perfeccionar.

¿Si no podemos soportar la vida, podemos tomar una salida temprana?

Tú nunca debes de tratar de terminar tu vida prematuramente. Ello sólo te obliga a otra vez regresar y enfrentar las mismas circunstancias. Y si eso no es un elemento disuasivo al suicidio, yo no sé lo que es.

Una vez que estás en vida se supone que debes de permanecer en ella. Si tú cometes un suicidio—y ésta es una verdad muy conocida—tú tendrás que volver a la misma locación geográfica, a la misma clase de padres, al mismo tipo de matrimonio, al mismo desastre financiero, o cualquier evento que influyo tu salida temprana. Tú pasarás *exactamente* por los mismos episodios otra vez.

Un malentendido común acerca del suicidio es el de pensar, *La próxima vez, yo estaré más preparado y trataré mejor con las cosas.* Pero ese no es el caso porque te empujamos inmediatamente de regreso. No hay un descanso y un tiempo para una renovación. Recuerda ésta analogía: Si un niño se sale de la escuela, ellos son reprendidos e inmediatamente enviados de regreso. Es lo mismo para una entidad: ellos continuamente son enviados de regreso hasta que aprenden a permanecer aquí.

Las almas más avanzadas no cometerán suicidio. Esto sin embargo no significa que el alma que se quita la vida es mala. El alma más avanzada puede contemplarlo pero nunca lo hará. Puede que entre esto en su mente, "Mis seres queridos se han ido y yo deseo estar con ellos", pero siempre hay algo—la sabiduría del alma—que los detiene aquí.

Pero también, tú puedes estar en tu sendero correcto y tomar un "punto de salida". Recuerda, un punto de salida nunca es considerado un tipo de suicidio. Una salida ya ha sido arreglada, donde un suicidio te descarrila de tu sendero.

¿Cómo sabemos cuando estamos "en el sendero correcto"?

Tú estás en el sendero correcto cuando simplemente te sientes bien acerca de ti mismo. Sin tomar en cuenta cualquier adversidad en tu sendero, tú empiezas a darte cuenta que tú puedes tratar con eso espiritualmente. A veces puede que te sientas descarrilado, pero existe una fe interna y brillo que te trae de regreso a este estado de paz. Es un entendimiento intuitivo de que estás bien; es el amor para ti mismo.

Mientras estés en tu sendero correcto, tú experimentarás un conocimiento elevado, sensitividad y la habilidad de escuchar a tus guías o sentir su presencia. Tú también puedes recibir imprentas de sus pensamientos.

La gente son un barómetro en el que te das cuenta de que tan bien estás avanzando. Si tú sientes que a nadie le caes bien o de que tú no tienes ningún amigo, la mayoría del tiempo eso es *tu* culpa. Algunas veces te colocas a ti mismo en tal lugar negativo de que no puedes ver que tú realmente *sí* tienes amigos. Tú puedes a lo mejor ser tan odioso y cruel que nadie desea estar a tu alrededor. Aquí, yo recomiendo que un ajustamiento sea hecho.

Seguido, escuchamos a gente que grita, "¡Nadie me quiere!" Si tú no eres amado, hay una posibilidad distintiva de que tú no eres receptor al *amor*. La gente se esfuerza mucho en ser amados. Pero ellos no se esfuerzan lo suficiente en el arte de amar. Si tu único empuje en la vida es el de sólo *ser amado*, entonces puede que encuentres que tu alma "estará rogando". Pero si tu meta es *el amar*, entonces tú nunca encontrarás a tu alma deseando por algo.

Si tú lloras, "Pobre, insignificante de mí", tú no encontrarás mucha compasión en este mundo. Cuando cruzas hacia mi lado, tú tienes que soltar toda la hostilidad y agresividad. Nada destruye el alma más que el cargar con sentimientos vengativos. No sólo eso, pero también es agotador para los demás que están a tu alrededor.

¿Si la vida es para siempre, por qué la humanidad le tiene temor a la muerte?

Tú encontrarás que esos quienes le temen a la muerte están más atados al mundo materialistico. El temor a la muerte bloquea el conocimiento de que la vida continua. ¿Has notado, en estos días, de cómo todo debe de ser terminado *ahora?* Tú tienes que ser exitoso, tú tienes que ser rico, tú tienes que ser hermoso...la gente reconoce subconscientemente que a este mundo sólo le queda un corto tiempo y ellos deben de completar su perfección ahora.

Podemos incluso decir que el temor a la vida crea el temor a la muerte. La vida, como tú la conoces, es una condición muy terminal. La única "muerte" real es el dejar el Otro Lado para una encarnación—donde tu realidad es removida y reemplazada por una existencia inferior. Aquí, otro temor sale a flote: "¿Volveré a regresar a mi ser real?" "¿Deseo a mi ser verdadero, donde está mi verdadero ser?" En ésta vida, tú no puedes completamente hacer a un lado las varias caras que usas. Incluso tu cuerpo es un frente falso y no el verdadero ser mismo.

¿Has alguna vez vivido en una casa que temías dejar porque pensabas que no ibas a encontrar otra? ¿O has ido a un largo viaje y luego vuelto y dicho, "se me había olvidado que tan bien se siente mi hogar"? Éstas son las cosas de las que te preocupas. "Estoy en una vivienda falsa, es árida; estoy separado de otros por un cuerpo; yo no puedo jalar a otra persona dentro de mí mismo; estoy aislado de todos aquí". Si tú puedes entender lo que está operando, entonces tú evitarás el temor de la aniquilación. Cuando cruzas para acá, todos esos temores son removidos. Aquí, la memoria verdadera brota sobre de ti en el momento de que mueres y tu alma respira una señal de alivio; "Eso ya terminó, y estoy volviendo a Casa".

¿Podemos escoger el encarnar en otro tiempo con menos problemas?

No te hagas de ninguna galana idea de que te puedes regresar a Casa antes de tu tiempo. Si tratas una pasada que no es planeada, tú serás reencarnado inmediatamente. No hay ninguna otra pasada que tus puntos de salida pre ordenados.

Tú puedes escoger cualquier estado de tiempo para encarnar. Pero nunca vas a escaparte de los problemas de la vida, porque esos, también, son escogidos por ti. Tú experimentarás todo lo que tu alma ha ordenado para sí mismo.

¿Qué métodos nos pueden ayudar a sobrevivir a través de la tensión severa?

La respiración profunda y la meditación son los mejores modos para sobrevivir la tensión. La fatiga mental es posiblemente el peor tipo de tensión. La única manera de aliviarla es el proyectar tu mente a una montaña o a una orilla del mar. Unos pocos minutos de este tipo de meditación puede aliviar la tensión y las preocupaciones. Muy asombroso es de que tú no puedes aliviar la fatiga mental con sólo dormir. La mente necesita una distracción para el alivio.

Lo más que descubras el avanzamiento espiritual, lo más que te darás cuenta de cómo la vida es solamente una sombra pasajera. Tú ciertamente necesitas concentrarte en tu vida amorosa, en tus negocios y en tu salud, porque esos son todos parte de la vida. Ellos son tan pasajeros, es como una permanencia corta en la escuela. Puede que no te guste el dormitorio o las comidas, pero tú te vas a graduar. Te lo garantizo. Nadie nunca se ha retrocedido.

No permanezcas en situaciones que no puedes tolerar porque eso detiene a tu crecimiento espiritual. La gente justifica eso diciendo que si dejan a una relación, ellos pueden lastimar a alguien. Mi pregunta es: ¿Tú los estás lastimando al irte, o les estás causando más dolor con quedarte? No estoy en favor del rompimiento de matrimonios o el de compañerismos, pero muy seguido, la gente permanece indefinidamente en una relación pensando que: *¿Si me voy, qué harán ellos sin mí? ¡Bueno, ellos puede que realmente vivan la vida!*

Aquí está algo que tú puedes hacer para ti mismo y para otros. En mi lado, lo llamamos "sonando". *Sonando* es, en sí, una palabra muy nebulosa, ello está relacionado con las funciones internas de un alma que está tocando a otra. Sonando es lo que llamamos la percepción mental de un alma alcanzando a otra. Es el acto de enviar olas premeditadas de amor y calidez. Esto puede parecer sencillo, pero es como si tú sintieras el cuerpo de otra persona. Sonando es probablemente la manera más psíquica de ver donde puedes encontrar el centro espiritual de otra persona.

Si tú envías éstas olas amorosas y encuentras que son bloqueadas—continua enviándolas. Éstas olas pueden ser relacionadas con tu trabajo, tu matrimonio, y aún con tu propia negatividad interna. Otra manera de prevenir el bloqueo es el imaginar que está una entidad brillante, tu propia guía espiritual, parada enfrente de ti—rejuveneciéndote especialmente en el área del plexo solar. Ellos deben enviar olas amorosas hacia ti.

Deseo darte varias meditaciones para que las practiques. Si tú deseas avanzar, tú debes de hacer cada una de éstas todos los días. Ellas no tienen que ser largas o muy laboriosas. Si tú puedes soportar las cosas que parecen no tener un fin—como conversaciones por teléfono con gente quien tú no deseas hablar, programas de televisión que no te interesa mirar—no hay excusa para evitar éstas meditaciones.

La gente puede pasar horas sin fin preparando su ropa o pelo o preparándose para el siguiente día de trabajo, pero se permite muy poco tiempo para la espiritualidad. Hay que hacer de éstas meditaciones siguientes una parte de esos trabajos clasificados "que tengo que hacer".

La Meditación del Cascarón

Deseo que empieces por visualizarte a ti mismo dentro de un huevo. Esto es casi como el regresar dentro de la matriz. Imagínate a ti mismo dentro de este huevo y deja que el cascarón represente a la "luz blanca" del Espíritu Santo. Visualízate a ti mismo sentado dentro del huevo, tocando sus paredes. Siente que tan seguro y tibio está. Éste huevo es algo transparente para que así puedas ver la luz que brilla a través de él, una luz esparcida. Lo más profundo que sientas a éste cascarón a tu alrededor, lo mejor que será la meditación. Permite que el huevo completamente te cubra. Luego di, "soy la persona más importante en el universo", lo cual, por supuesto, es la verdad. El huevo donde estás es el universo.

Continua con ésta afirmación: "Puedo estar en silencio, puedo estar sin movimiento, y puedo tener paz. Puedo estar completo, puedo ayudar, y nada de la negatividad del mundo puede penetrar en éste cascarón. Aquí, soy mi mejor amigo y compañero". Ahora, permite que el cascarón se rompa solamente un poco. Este proceso simboliza al nacimiento. No permitas que ningún temor se le adhiera a la palabra cascarón. Desdichadamente, condenamos a gente en corazas. Sin embargo es un acto muy positivo el de "cubrirse" por un tiempo porque al hacerlo así, tú encuentras una gran cantidad de amor. Tu propio amor rebotará de ésta emanación del Espíritu Santo, así para regresar hacia ti. En esencia, el cascarón y el huevo simbolizan la resurrección de Jesús, y una vida nueva. Si esto es hecho seguido, ésta meditación crea un tipo de renacimiento cada vez que la practiques. En otras palabras, este ejercicio te ofrece un nuevo empiezo: "Yo no sé si me gusta como soy, así que me voy a cubrir y tratar otra vez. Cada vez que rompa el cascarón, le estoy dando nacimiento a mi ser. Es nuevo, es brillante, es brilloso y es hermoso".

La Meditación de la Balsa

Deseo que uses lo que llamamos la "balsa". Visualízate a ti mismo en el agua. Está oscuro, el viento está soplando y tú tienes mucho miedo. Permítete experimentar una reacción fóbica leve. Si tienes temor al agua, práctica ésta meditación de todas maneras. Siente las olas, siente la oscuridad y siente la soledad. De repente de ésta oscuridad profunda, tú ves a las nubes empezar a dispersarse y te encuentras a ti mismo bañado con la luz de la luna. Tú estás pataleando, estás tosiendo, estás mojado, y tienes frío. Después de que las nubes desaparecen, tú notas a una balsa cerca. Tú nunca has visto antes a esa balsa. Tan pronto como la vez, sientes un sentido sobre acogedor de seguridad. Tú empiezas a nadar hacia ella. Asombrosamente, te ves a ti mismo en la balsa. Tú te preguntas, "Si estoy en el agua, como puedo estar en la balsa al mismo tiempo?" el "tú" en el agua es el fóbico, temeroso tú— el emocional, pataleando, espantado, asustado. El "tú" en la balsa es el sonriente y seguro tú.

Últimamente, la meta es el traer a los dos juntos. El seguro "tú" alcanza hacia abajo y jala al asustado "tú" dentro de la balsa. Sin ninguna duda, el asustado "tú" se integra con el estable "tú". Ahora, imagina que el agua, la oscuridad, el temor, y el frío todo representa la negatividad que tú has tenido que experimentar en la vida. Cuando tú has pasado por aflicción, pena y temor, te sientes como si hubieras sido abandonado. Si estás trabajando por medio de un trabajo trágico, un mal matrimonio, o una situación difícil de familia, arrójate a ti mismo dentro del agua y pelea tu camino de regreso al seguro "tú" que está esperando en la balsa. Recuerda, cuando

se vuelve fácil para el temeroso "tú" el integrarse con el seguro
"tú", eso no quiere decir que tú has "arribado". Tú aún exper-
imentarás la aflicción, el sufrimiento, y la negatividad muchas
veces en tu vida; y serás arrojado de regreso en el agua con-
tigo mismo. Usa ésta meditación y asegúrate que tú siempre
te integres con tu ser seguro. En otras palabras, haz que el frio-
lento y asustado ser desaparezca para que así solamente el her-
moso, brillante y sonriente ser permanezca.

Las más grandiosas meditaciones que tú puedes practicar envolverán el estar cerca o en el agua. Estas son las más efectivas porque el agua es un símbolo de nacimiento, renacimiento, bautizo y limpiamiento. Lo más que tú puedas usar agua en tus técnicas de visualización es mejor—aún así sea un riachuelo o arroyo eso funcionará bien. No vamos a entrar en los aspectos psicológicos ahora, pero el agua también significa *madre*; sin embargo, estamos totalmente fuera de la faceta ahora. Estamos ahora más allá de los sobre tonos psicológicos, elevados dentro del ser elevado, de la conciencia elevada.

Meditación del Arroyo de la Vida

Mientras estés sentado, voltea tus manos con las pal-
mas hacia arriba en tus piernas. Esto te ayudará a recibir

energía de tus guías. *Rodéate a ti mismo con el color brillante del verde esmeralda. Ahora, cierra tus ojos. Tú
empezarás a sentir un brillo muy tibio y una pulsación
suave en el plexo solar. Conoce bien a tu cuerpo. Ahora
tú experimentarás una fuerza y una presión ligera en el
centro de tu cuerpo. Visualiza el color verde. Si tú sientes
que tu cuerpo necesita ajustarse, trata de controlarlo para
que así permanezcas sin movimiento. Tú no vas a entrar
en un estado "profundo"; tú estás realmente subiendo "más
alto" dentro de la mente-alma elevada.*

*Mientras estés en este estado elevado, visualízate a ti mismo
en un pequeño barco en un arroyo—el arroyo es acerca de
15 pies de ancho, amplio para un pequeño barco. El barco
no es uno elaborado. De hecho, tú ni siquiera necesitarás remos.
Sólo siéntate muy calladamente y permite que la corriente te
lleve. Mientras tú estás yendo con la corriente, empieza a sentir la tremenda emanación del color verde esmeralda. Para
intensificar este color, imagínate el follaje a tu alrededor brillando un verde brilloso con ramas que cuelgan.*

*Mientras continuas yendo con la corriente, nota como
el follaje, como la vida, se vuelve más grueso y empieza a
que vayas despacio. La corriente no es tan fuerte ahora, y
el clima está empezando a ponerse algo de húmedo y
molesto, al igual que la vida se vuelve problemática e irri-
tante. Aunque así sea, mantén tu estado estable. Di ésta
afirmación: "Voy a sobrevivir esto. No me voy a poner irri-*

table, gruñón, interrumpido, o permitir que me atrape el prejuicio. Yo no voy a permitir éstas cosas negativas dentro de mi vida". A veces, el barco se atorará en las ramas que salen fuera. Tú desea por un viaje más rápido, un sendero más suave con el viento contra tu cara. Sin embargo, como en la vida, tú eres detenido por estos obstáculos. Si tú deseas, tú puedes pelear éstas ramas, o tratar de empujarlas fuera de tu camino, pero ellas son tan gruesas. Gradualmente, un viento fuerte empuja el barco de regreso en movimiento. Las ramas que tú temías que te iban a lastimar, te rasguñan más cuando tratas de interferir. Sin embargo, las ramas más altas pasan sobre de ti, y esas junto a la orilla sólo raspan el barco. Mientras tú empiezas a moverte otra vez, tú estás libre de los jalones, y sin ningún esfuerzo de ti—como en la vida—tú estás de regreso en tu sendero.

Cuando te topas con obstrucciones en tu vida, eso no quiere decir que tú debes de ser pasivo. La mayor parte del tiempo batallas contra de tu propio destino. Tú batallas con barreras. Pero con el tiempo, serás librado de ellas. Las cortadas y moretes que tu soportas no son de ningún beneficio. Así que, permite que tu ser sea activo porque tu estás moviéndote en este barco. Tú miras, tú observas, tú estás contento, tú estás feliz. Y tú estás contento con ir con la corriente de la vida porque te va a llevar donde debe—sin ninguna interferencia de ti. Te pones a ti mismo en un piloto automático antes de que vienes a ésta vida y la única razón que tú no completas tu misión total es porque te has entrometido en el plan. Tú vas a completar la misión, en ésta vida o en la próxima. Sólo trata de vivir en lugar de interferir.

ŏ ŏ ŏ

Cuando el dolor crónico emerge, empieza permanentemente a "acomodarse", esa es la razón por la cual los doctores están en tal confusión acerca de lo que causa el dolor. Origina en el sistema neurológico y no siempre se desaparece después de que ha parado la inflamación o la enfermedad. Sólo se mantiene enviando señales. El sistema nervioso ha sido tan traumatizado que se engaña a si mismo en creer que el dolor todavía existe aún después de que se ha ido. Tu mente tiene que re programarse a si misma diciendo, "he recibido la señal. El trauma ya no existe. Deseo que esto pare". Lo más que puedas crear tu propio anestésico, lo mejor que vas a estar. Repite ésta afirmación: "*Yo he interceptado el dolor, yo puedo ahora producir mi propio anestésico*". Es como el hablar con tu propio Dios, y decir, "esto es suficiente. ¡El dolor es demasiado profundo, y yo ya no deseo soportarlo!" Sólo asegúrate que tú no detengas a otra señal valida que venga atravesando, excepto en el área del problema.

Cuando le das consejos a alguien—y todos los seres humanos están llenos de consejos—evita la tendencia de hablar de ti mismo a través de otra persona. Trata de ser objetivo. Este es el camino más espiritual que tú puedas seguir. Cuando alguien te pregunte por una opinión, no lo conviertas en algo interno. En lugar de eso, trata de ponerte en el lugar de esa persona. Ésta es una modificación muy espiritual de la naturaleza humana.

Aprende a concentrarte más en ti mismo y ser más cariñoso contigo. Prémiate a ti mismo más. Por una semana, haz todo lo que tú deseas hacer—que sea sólo para ti. Te garantizo que al final de la semana tú no sólo te querrás a ti mismo, pero tú vas a estar haciendo más para otra gente más de lo que tú nunca has hecho antes. El premio para ti mismo se lleva muy poco esfuerzo, pero una vez ya hecho, causa tanto amor que emana. No hay tal cosa como un verdadero egoísta—sólo hay temor, y el temor te causa que seas introvertido y aislado. La palabra *egoísta* no tiene valor.

La Técnica del Laboratorio

Deseo enseñarte un método muy poderoso para tratar con cualquier problema, así sean ellos mentales o físicos. Esta es una técnica general de sanamiento que puede ser usada por cualquiera. La llamamos el "Laboratorio". Es un lugar que tú construyes en tu mente, donde puedes ir para recibir sanamiento, consejo, o ayuda para cualquier problema. Como tú ya conoces, en el Otro Lado, los pensamientos son cosas. Y cuando tú mentalmente construyes tu propio Laboratorio, lo podemos ver, ir ahí contigo, y ayudarte. Pero tú primero debes crear la realidad para nosotros.

Tú creas el Laboratorio con tu mente. Aquí ésta el patrón básico de la área que debes visualizar. En el ojo de tu mente, construye un cuarto rectangular. La pared más lejana será un espacio abierto donde tú tienes una vista bonita de un paisaje con agua, lo cual agregará poder al sanamiento. Las otras tres paredes son verde claro—esto es también para significar el sanamiento. En el centro del cuarto, imagina una mesa lo suficientemente grande para que puedas acostarte en ella. Dale a la mesa un poco de carácter—agregando figuras talladas o algún otro tipo de ornamentación. Los más detalles que le des a este cuarto, lo más fuerte será su existencia. Construye la mesa y paredes de cualquier material que te guste. El cuarto no debe de ser muy serio, así que coloca unas pocas cosas a tu alrededor—sillas, arte, y otros artículos que tú encuentres familiares y confortables. Ahora, imagina una ventana de vidrio cortado en la pared abierta. Ésta ventana puede ser diseñada como te guste, pero los colores deben de ser brillantes. Modela la ventana con bloques grandes o vendas de azul, morado, dorado, y verde.

Una vez que has construido el Laboratorio, mentalmente entra en el. La mejor hora para hacer esto es en la noche, cuando te vas a dormir. Pero por favor, completa ésta meditación antes de dormirte, o el Laboratorio desaparecerá. Párate enfrente de la ventana de vidrio—entonces permite a los rayos de cada color que penetren en tu mente y cuerpo. El color azul da tranquilidad al alma y al espíritu; el color morado ayuda al aumento espiritual y al conocimiento; el color dorado ofrece una aumentada dignidad e inteligencia; y el color verde promueve el sanamiento. Permite que estos colores brillantes te rodeen en calidez y felicidad. Trata de visualizar cada uno de los colores como ellos entran en ti y limpian tu alma. Ahora, pide por la luz blanca del Espíritu Santo que te rodee y te sane. Siéntete a ti mismo ponerte completo, con una nueva sensación de estabilidad, poder, y control.

En este momento, ve a la mesa y acuéstate, aún envuelto en el brillo del amor de Dios. Invita a los grandes maestros y a los doctores que trabajen en una área en particular de tu cuerpo. Tú debes especificar el área de preocupación y señalar sólo una área problema durante cada sesión. Concurridamente, tú puedes pedir ser aliviado de presiones emocionales y mentales. Ríndete completamente en sus manos, porque ellos son directamente de Dios. Una vez que has llegado a la mesa, tú puedes dormirte. Esto está bien porque el cuarto ya ha sido creado, tú has pedido ayuda, y especificado el problema. La mesa en si misma tiene una calidad anestésica.

Usa el Laboratorio para cualquier problema en tu vida. Tú aún puedes traer un ser querido aquí. Primero, crea un lugar, luego mentalmente colócalos dentro de la luz blanca, llama al Espíritu Santo, visualízalos en la mesa, y pide por los grandes maestros que ayuden con sus problemas. Ahora, créeme cuando te digo esto: la técnica del Laboratorio es una de las meditaciones más milagrosas que tú usarás. No hay limite a lo que tú puedes hacer en el Laboratorio. La única barrera que tú puedes encontrar es una persona que no desea ayuda. Si tú no ves algún resultado cuando estés ayudando a alguien, entonces obviamente, ellos no desean ayuda. Tú no puedes interferir con las decisiones de otra persona.

El Templo del Silencio

Aquí está otra meditación que te ayudará con otros problemas que salgan. Para estos, iremos al "Templo del Silencio". Éste es un lugar en el Otro Lado, un templo muy decorado y hermoso de figura de un octágono. Para ir, tú mentalmente puedes pedir ser llevado ahí por tu guía espiritual. Tú también puedes practicar ésta meditación en la noche cuando te está empezando a dar sueño.

Mientras te acercas al templo, sube unos pocos escalones y entra. El piso aparece ser de mármol, pero mientras tú avanzas hacia al centro del cuarto, cada bloque que tú pisas emite un rayo de luz que brilla directamente dentro de ti. Es realmente muy hermoso. Algunos de los colores emanando incluyen tipos de rosado, marrón, azul, y verde. Cuando tú llegas en medio del cuarto, tú puedes pedir que cierto problema sea resuelto. En este momento, un cristal octago-

nal puesto en la pared enfrente de ti emitirá un rayo de luz dentro de tu tercer ojo. Cuando esto ocurra, el problema toma vida enfrente de ti, actuando en una película de tres dimensiones. Cuando lo miras, tú veras todas las opciones que están abiertas para que tú resuelvas tu dilema.

Tú puedes usar El Templo del Silencio para cualquier problema en relaciones personales, situaciones de trabajo, pruebas, o situaciones financieras. Puede ser usado para cualquier cosa de lo que estás preocupado. Tú también puedes arreglar el resultado final de cualquier manera que deseas. Pero recuerda, observa a todas tus opciones primero.

¿Por ejemplo, si tú pierdes tu trabajo, cual es la siguiente opción? Puede ser el obtener un mejor trabajo. Si tú no te puedes llevar bien con alguien, examina todas las opciones que están siendo actuadas ante ti. Entonces puedes escoger la mejor que te queda a ti. El Templo del Silencio es probablemente una de las meditaciones más beneficiales, y no es difícil de hacer.

Realmente, tú prácticas ésta técnica todo el tiempo en tu mente—con situaciones hipotéticas. Tú estás tan acostumbrado de ver cosas fuera de ti mismo, y esa es la razón por la que tú estás atrapado en un cuerpo físico, es tan difícil el pasar a través de tu propio proceso de pensamiento. En otras palabras, vamos a decir que estoy en el templo ahora y un rayo de luz está brillando dentro de mi. Una pantalla aparecería ante mis ojos y me vería a mi mismo actuar en *cierta situación. Si no me gusta el escenario, yo puedo cambiar su enfoque y dirigirlo a otras opciones. ¿Ves a lo que me estoy refiriendo? El Templo del Silencio es muy funcional en solucionar problemas, aunque tú puede que preguntes, "¿Qué es lo peor que puede pasar?" Sorprendidamente, lo peor que tú puedes anticipar puede ser el ser re programado en algo mejor. Así, si a ti no te gusta el resultado de un problema, tú puedes reconstruir los caracteres y trabajar en la solución de cualquier manera que tú desees para tu propio avanzamiento. Esta frase es vital—"para tu propio avanzamiento". Mantenlo intacto e integrado dentro de ti mismo. Tú no vas a hacer nada que interrumpa la vida de alguien más, porque todos están unidos.*

---

[1] La dualidad de Dios es discutida más tarde.

[2] Una descripción completa de todos los temas de la vida pueden ser encontrados en *La Perfección del Alma*—Libro 2 de la serie de *La Jornada del Alma* escrito por Sylvia.

---

§ 51 ¿

§ Parte II §

La Vida Después de la Vida: El Otro Lado

Por siglos, la humanidad se ha preguntado si hay o no hay vida después de la vida. En ésta inseguridad, la gente ha escogido usar varias palabras y frases—religiosas o de otra clase—para describir este estado. Dependiendo en el sistema de creencia de uno, las descripciones pueden variar de los términos bien conocidos, *Paraíso* y *Nirvana,* a nombres más antiguos, tales como el *Monte Olimpos.* Dentro de la Sociedad de Novus Spiritus, llamamos la vida después de la vida y sus conexiones el "Otro Lado". En las siguientes páginas, tú leerás en detalle acerca del Otro Lado—su función, estilo de vida, y población—en otras palabras, su total ambiente y propósito.

Esos de ustedes quienes han sido programados dogmáticamente en creencias tradicionales y descripciones de la vida después de la vida estarán muy sorprendidos por la información presentada aquí.

Los pensadores libres estarán asombrados y contentos por ciertos aspectos y esos de ustedes que no tienen ninguna creencia en la vida después de la vida pueden encontrar una aquí.

Tú más bien sacarás algo de está información. Así, que mantén una mente abierta y toma sólo lo que sientes que es correcto para ti. Algunos de ustedes ávidamente absorberán todo y encontrarán paz y amor aquí; y puede que también, algunos de ustedes tomarán pedazos y partes que le quedan a sus estructuras de creencia. Yo creo, sin embargo, que aún la persona más escéptica verá y reconocerá la verdad y la lógica detrás del Otro Lado.

¿Qué es el Otro Lado?

El Otro Lado es simplemente "otra dimensión". Todos ustedes pueden entender el ambiente tridimensional donde vives, llamado la Tierra. De hecho, excepto por esos quienes han experimentado alguna clase de "fenómeno paranormal", tú sólo tienes una memoria consciente de la Tierra. Tú lo aceptas como una realidad porque puedes verla, tocarla, y escuchar todos los eventos que toman lugar en tu mundo. Consecuentemente, tú te sientes de alguna manera seguro en ésta observada realidad y raramente te preocupas en preguntar acerca de Dios, la vida después de la vida, o la existencia en si. La vida parece muy simple, donde la religión (y sus multitudes de creencias) es muy compleja.

Tu alma está en la oscuridad, pero no porque tus cinco sentidos te han fallado. ¿Tú realmente estás buscando por la verdad; pero cual persona, iglesia, o organización tiene la respuesta? El dilema es el creer en algo sin alguna prueba tangible. Esto no es fácil, como evidencia por la preponderancia de varias religiones, filosofías, y teorías científicas.

La posibilidad de otra dimensión no es un nuevo pensamiento de ninguna manera. Filósofos y místicos han explorado esto por siglos. Los científicos también han entrado en el acto, por llamarlo así, con las teorías de dimensiones paralelas y universos alternativos y en el otro lado del abismo. Por el momento, pido que tú hagas a un lado a cualquier teoría confusa y escuches a lo lógico.

Tú sabes que existes porque tus cinco sentidos te lo dicen así. Descartes lo dijo muy bien, "Yo pienso; así que soy". Si tú aceptas ésta realidad y tu existencia, entonces la lógica te dirá que tienes una existencia limitada en lo mejor por razón de tu limitado tiempo de vida. Entonces tú tienes que preguntar. "¿Es todo esto lo único que existe?" La lógica otra vez dicta la respuesta obvia—no. La razón es simple: sería la broma más grandiosa que se haya hecho en la humanidad. El decir que tu sola existencia es tu vida corta en ésta Tierra, especialmente con todas sus inigualdades, es ridículo. La vida en la Tierra no es en nada pareja. Algunos de ustedes viven un largo tiempo; otros existen sólo un corto tiempo. Algunos de ustedes son pobres; otros han considerado la riqueza. Algunos de ustedes tienen una historia racial que es más sujeta a la discriminación que otros, y la lista sigue y sigue. Claramente, el definir a la existencia como solamente tu tiempo de vida en la Tierra no tiene ningún sentido.

¿Así que a donde está el resto de tu existencia? Otra vez, tú debes de usar la lógica para tu respuesta. Si tú no puedes percibir lo que queda de tu existencia con tus cinco sentidos, entonces debe de estar más allá del realmo de tu percepción del sentir.

El Otro Lado está, ciertamente, más allá de la percepción sensorial normal de la humanidad. Es otra dimensión en una frecuencia alma de materia. En actualidad. *¡Es una realidad!* Piensa lógicamente por un momento y considera como 100 años se comparan a una eternidad. Es como una gota de agua en un océano muy grande. Si la lógica dicta *ésta* comparación, entonces también debe de mandar que la vasta mayoría de tu existencia no es en el plano de la Tierra. Y cuando tú no estás en el plano de la Tierra. Tú, como yo, estamos en un lugar que llamamos nuestro Hogar. Es un paraíso, un edén—es la última realidad de existencia. Yo soy lo viviente, y tú, en esencia, estás muerto, porque tú estás viviendo en un estado atado de tiempo que no es real.

Por favor no te mortifiques con esto, porque eventualmente todos ustedes regresarán a Casa y existirán en la verdadera realidad donde estoy yo ahora—cuando tú hayas completado tu propósito en la Tierra. Tú a lo mejor no puedas completamente comprender el hecho de que tú ahora existes en un estado que no es real, pero permíteme asegurarte que cuando tú cruces a mi lado, todo se volverá muy claro. En ese momento, tú tendrás una completa resurgencia de todas tus memorias y sentidos uniéndose en la verdadera realidad. En tu plano de la Tierra, tú estás en una desventaja porque no tienes todas tus facultades disponibles para ti, y tú las tienes cuando existes en el Otro Lado. Hay una buena razón para esto. Sería muy doloroso e insoportable si tú pudieras completamente recordar a nuestro Hogar.

La mayoría de las entidades, en un momento o en otro, planean una vida física para experimentar la negatividad. No hay negatividad en el Otro Lado—en la realidad verdadera de existencia. La negatividad existe en tu plano de la Tierra, pero desde que es una parte de conocimiento, casi todas las creaciones de Dios escogen el recaudar esa sabiduría para aumentar el avanzamiento de sus almas. El propósito de la vida es el acumular el conocimiento y la experiencia para Dios, y tú nunca paras de hacer eso, ni aún en el Otro Lado.

Para abreviar esto; tu existencia verdadera es en otra dimensión que llamamos el Otro Lado. Esa dimensión tiene una frecuencia de materia más alta, lo cual está más allá del realmo de tus cinco sentidos. Es una dimensión donde tú resides por una eternidad. Excepto por tus venidas a un plano que no es real (como en la Tierra), donde tú temporalmente vives para experimentar y aprender para el avanzamiento de tu alma. El Otro Lado es tu Hogar *real*.

¿Dónde está el Otro Lado?

El Otro Lado está en una dimensión que existe casi "arriba de" la dimensión donde tú estás residiendo ahora. Hay variaciones, sin embargo, desde que el Otro Lado está sujeto a diferente leyes de física que tu plano. El Plano de la Tierra es temporáneo y contiene energía negativa, así que es actualmente lo que tú puedes llamar antimateria. La energía y materia en el Otro Lado es *verdadera* materia.

El Otro Lado está sobre impuesto en tu plano, pero localizado aproximadamente unos tres pies más alto. Esta es una razón por la cual esos quienes han visto "espíritus" o "fantasmas" los ven flotando un poco arriba del nivel del piso. Básicamente, el plano de la Tierra y el Otro Lado comparten el mismo "espacio". Pero a razón de la frecuencia vibracional más alta del Otro Lado, tú no puedes sentir y percibir su existencia. De otra manera, tú eres como un "fantasma en nuestro mundo—desde que nuestros niveles sensoriales están más desarrollados, te percibimos más fácilmente que tú nos puedas sentir. Sólo necesitamos concentrarnos un poco y activar nuestros sentidos a una vibración más aguda para así poder claramente verte y "observarte".

Aún nuestra proximidad cercana al plano de la Tierra, el Otro Lado no es una reproducción completa de tu mundo material. Todo lo que es hermoso en tu plano—montañas pintorescas, árboles, flores, ríos, y demás cosas—es replicado en nuestro plano en básicamente las mismas locaciones. Sin embargo, no duplicamos los cambios creados por los humanos sólo que sean de gran belleza. Aunque tenemos grandes cuerpos de agua en el Otro Lado, nuestros océanos no son tan inmensos como los tuyos. Mucho de la superficie de los océanos en tu plano es suelo en el nuestro.

Esto nos trae a otro punto muy importante. Desde que las leyes de física varían en el Otro Lado, tenemos más lugar para residir aquí. Déjame explicarte esto para que tú puedas entender. Sin cambiar nuestro tamaño, podemos llenar un cuarto de doce por doce pies con cientos de gente. Nuestras leyes físicas nos permite hacer esto sin encoger a un tamaño microscópico, porque el espacio en nuestro plano es completamente diferente. Así que, aunque tengamos más entidades quienes existen en nuestro plano, tenemos mucho más espacio y no estamos amontonados en lo más mínimo. Esto aplica en la tierra, espacios abiertos, cuerpos de agua, edificios, y todas las cosas materiales.

Hasta ahora, he hablado acerca del lugar del Otro Lado en relación con tu planeta. La Tierra, sin embargo, no es el único planeta que es habitado en el universo. Hay millones de planetas como el tuyo donde entidades de varias formas y tamaños existen y cada planeta habitado tiene su propio Otro Lado. En esencia, cada Otro Lado es una replica hermosa de su particular planeta, y está localizado en la misma dimensión—así que viajamos frecuentemente entre ellos si así lo escogemos.

Cada vez que viajamos en otras áreas del universo, procedemos por números de código. El universo está dividido en muchas áreas diversas y este sistema hace más fácil el encontrar lugares. Para cubrir tan vasto realmo, números código son asignados a diferentes secciones dentro de secciones para que así un particular lugar pueda ser encontrado.

Por ejemplo, si deseo ir a la área del Crab Nebula, puedo decir que me gustaría ir a XL-16 y "desearme" a mi mismo ahí. En un instante, llego. Podemos tele portarnos a nosotros mismos inmediatamente con sólo el pensamiento, pero es difícil de explicar este fenómeno sin que tú lo puedas ver. También tenemos una tabla grande de información donde podemos revisar números código y lugares para dirigir nuestro viaje a lugares que no son familiares en el universo. Yo misma, nunca he estado en las regiones foráneas, aunque yo conozco muchas entidades quienes han estado ahí.

La conveniencia de viajar ha establecido una comunicación efectiva entre los varios Otros Lados de los planetas habitados. Sobre todo, esto aumenta el conocimiento, porque los descubrimientos son libremente intercambiados. Para el propósito de tu entendimiento, sin embargo, confinaré mi discusión en el siguiente texto al Otro Lado del planeta Tierra. Sin embargo, mantén en mente que la mayoría de Otros Lados en varios planetas operan similarmente.

¿Puedes describir el Otro Lado?

La belleza del Otro Lado es tan gloriosa que tú puedes encontrarla "increíble". Te puedo asegurar, sin embargo, que es aún mejor de cómo lo describo. Si tú puedes imaginar la cosa más hermosa que tú hayas visto y luego multiplicarla por 100—entonces podrás aproximadamente imaginar la belleza y composición del Otro Lado. Los colores del Otro Lado no tienen descripción, especialmente desde que tú no tienes este tipo de color en tu plano. Ellos son más brillantes; con más matices, riqueza, y profundidad que algún color que tú hayas alguna vez visto en cualquier dibujo, flor, o tela.

Los verdes son verde-verde, los rojos son rojo-rojo y la lista sigue. Es muy difícil el imaginarlos sólo que tú los hayas experimentado.

Los colores, especialmente, son evidentes en la naturaleza. Nuestras flores son absolutamente hermosas y mucho más grande que esas en tu plano. Nuestro césped es denso y suave, nuestros árboles más verdes que el color verde y todo es tupido y vibrante. Todas las maravillas naturales existen en nuestro lado—las montañas, ríos, árboles, flores, pasto, rocas, lagos, y orilla de playas, las cuales se combinan en grandes panoramas de increíble hermosura. Ciertas áreas tales como éstas están también inhabitadas para que así podamos disfrutar lo original y libertad de la naturaleza.

Todos los animales en el plano de la Tierra, desde un elefante a una mascota casera, pueden ser encontrados en el Otro Lado. La diferencia, sin embargo, es de que ellos son amistosos y sociables. Tú veras un león jugueteando con una gacela, en lugar de perseguirla. No hay ninguna perdida de vida o caza predatoria de un animal hacia otro. Los enemigos dentro del reino animal en tu plano son amistosos en el nuestro. Las únicas criaturas vivientes ausentes en nuestro lado son esas que son irritantes y necesarias para el sistema ecológico. Los insectos, tal como la mosca casera, la hormiga, o los mosquitos, no existen—y tampoco ninguna peste, incluyendo las ratas y caracoles. Sólo los animales que son hermosos o que agregan a la alegría de nuestro lado son duplicados.

Puede que te interese el saber que tus mascotas, las cuales residen en tu plano, proceden al Otro Lado cuando mueren. Si tú has amado a un perro o a un gato, ellos estarán esperándote cuando regreses a Casa. Mi querida Sylvia tiene un gran dominio donde todas sus mascotas, las cuales ella ha reunido a través de sus encarnaciones, están esperándola (y ellos son un número considerable); y cuando ella viene a Casa, siempre hay una gran reunión.

Varias estructuras hechas por el hombre, si son cautivadoras, son duplicadas en el Otro Lado. Tenemos edificios representando a cada tipo de arquitectura, aunque la mayoría de éstas reflejan a los periodos clásicos Griegos y Romanos. Tenemos unos salones enormes donde escuchamos discursos y vemos las artes, unas tremendas bibliotecas y centros de investigaciones donde reunimos conocimiento, al igual como hogares individuales y edificios más pequeños para uso residencial o general. Tenemos fuentes exquisitas y plazas, patios y parques, al igual como jardines y áreas de meditación. Aún las descripciones de Utopía no serían suficientes para describir el esplendor y la eficiencia de mi lado. ¡Es ciertamente un paraíso!

Te puede también interesar el saber que hay áreas en el Otro Lado que atienden al gusto de una entidad para cierto estilo de vida. Por ejemplo, vamos a decir que una persona tuvo muchas vidas en un periodo en particular de la historia, tal como el tiempo medieval, y ellos llegaron a disfrutar esa era. Hay una área en mi lado que exclusivamente representa la arquitectura, música, arte, y trabajo de ese tiempo. Una entidad puede escoger vivir en ese ambiente medieval—con todos sus castillos, villas, hábitos sociales, vestiduras, y todas las cosas conectadas a ese periodo. Ambientes similares existen para casi cada periodo cultural en la historia de la humanidad.

Aquí hay información adicional acerca del Otro Lado; Primero que nada, no tenemos estaciones. La temperatura es de unos 72 grados constantes sin ninguna fluctuación. Esto es muy cómodo para nosotros—no demasiado caliente o demasiado frío y nos da flexibilidad para vestirnos de la manera que deseamos sin tener que preocuparnos acerca del tiempo.

Segundo, no tenemos un sol. El Otro Lado está bañado con una luz más o menos de color rosa, la cual es constante y amplifica la belleza. Hay también una luz continua, desde que no tenemos lo que tú llamas la noche. Últimamente, no hay ninguna oscuridad en el Otro Lado, sólo luz y belleza.

¿Tenemos un cuerpo en el Otro Lado?

Sí, definitivamente tenemos un cuerpo. Me doy cuenta de que algunas de tus religiones profesan que no hay un cuerpo o, a lo mejor, sólo una etérea, masa intangible en el Otro Lado—pero la verdad es de que tú tienes un definitivo cuerpo humano con forma y sustancia. Créelo o no, tu cuerpo en el Otro Lado es aún más real que el que tú ahora tienes en tu plano.

Aquí están varios hechos que tú vas a disfrutar acerca de tu apariencia en el Otro Lado: Primero que nada, tú y sólo tú escoges tu cuerpo y tus facciones. Tú decides que atributos físicos quieres—desde el color de tu pelo a tu estatura y peso. Tú escoges si eres o no delgado, grueso, o algo gordo. Como una entidad, tú fuiste creada a ser de cierto genero sexual, así que mientras tú puedes cambiar tu apariencia del cuerpo cada vez que lo deseas, tú no puedes cambiar tu hechura sexual. Tú escoges tus facciones faciales, el color de tus ojos y piel, y tu figura y físico.

En adición, tú puedes escoger cualquier imperfección para tu cuerpo. Esto es un gesto simbólico para demostrar que las creaciones de Dios no son tan perfectas como lo es Él. Esta imperfección puede ser una cicatriz pequeña, o un mechón blanco en el pelo, o cualquier otra cosa que visualmente indique una imperfección leve.

Otro hecho que tú vas a disfrutar: Tu cuerpo no requiere de ningún sustento—no hay ninguna necesidad para comer, tomar, o dormir. La mayoría de nosotros en mi lado solamente comemos o tomamos como una tradición o costumbre para un evento social. No dormimos, pero a veces, nos reclinamos y meditamos, o sólo nos relajamos. Sin ésta necesidad de consumir, hay más tiempo para aprender, trabajar, jugar, y disfrutar nuestra existencia a todo lo que da. Si una persona decide comer, la comida es usualmente sin sabor—así que, el acto de comer por el sabor no tiene merito.

En el Otro Lado, tu cuerpo es casi como una réplica exacta de su composición aquí en la Tierra. Tiene un corazón, pulmones, hígado, vejiga, y todo lo demás, pero están localizados en el lado opuesto de tu cuerpo en el plano de la Tierra. Estos órganos no tienen función, pero son una imitación simbólica de tu cuerpo Terrenal.

¿Hay un gobierno en el Otro Lado?

No tenemos una forma de gobierno, por llamarle así, pero tenemos una jerarquía. Esta es hecha por un Consejo de ancianos, y luego en orden descendiente: arquetipos, guías espirituales, entidades del sexto nivel, entidades del quinto nivel, y así sigue la lista. Antes de que te confundas con todos estos nombres y términos, permíteme explicar cada uno:

Los ancianos son creaciones especiales que nunca han encarnado. Ellos tienen un amor muy sabio y hermoso parecido al de Dios para toda la creación, como personas representantes de la Divinidad, por lo menos en una forma verbal, estos ancianos proveen mucha información. Ellos son humanos en apariencia y en lugar de residir en cualquier "nivel" en particular, todos caminan por cada uno de ellos. Ellos son sabios, amorosos, y ofrecen ayuda a todos. Diferente al resto de nosotros, ellos toman la apariencia de hombres mayores, con pelo y barba gris o blanca. Su sabiduría es vasta, y cuando se necesitan, ellos son llamados para actuar cualquier póliza o edicto.

Los Arquetipos también son humanos en forma (sin ninguna distinción sexual), pero son una creación completamente diferente de la mayoría de las entidades que residen en el Otro Lado. Todos ellos casi se parecen a androides en forma humana; todos ellos se comunican telepáticamente uno al otro—pero no se comunican con nosotros. No es de que ellos no nos respondan, pero son comparables a los sordomudos—ellos tienen su propia manera de expresarse consigo mismos.

Los Arquetipos son entidades muy brillantes y parecen brillar con una energía que nadie más posee. A veces, cuando tú miras a un arquetipo un periodo de tiempo extendido, tus ojos reaccionarán como si un foco de cámara se hubiera prendido enfrente de ellos. Los ancianos dicen que el propósito de los arquetipos es el proveer el amor más puro y protección para esos en tu plano, al igual que el nuestro. Nadie realmente sabe cuantos de ellos existen, pero cuando la ayuda es necesitada, miles responden.

Los Arquetipos son unas creaciones muy poderosas, y los guías espirituales los usan frecuentemente para ayudar a esos quienes guían en la Tierra. En tu Biblia, ellos han sido llamados arcángeles. A causa de su brillantes y energía, ellos han sido observados en tu dimensión y aún sido confundidos por una aparición de Jesús. No se sabe mucho acerca de ellos, así que ellos son todavía un misterio para nosotros—pero el amor y la protección que ellos nos han dado no lo es.

Los guías espirituales tales como lo soy yo ofrecemos cargos adicionales, tales como comunicación de varias formas en tu plano a través de médiums y psíquicos. Se toma muchos de tus años para funcionar de esta manera (lo que llamamos un "control"), donde todos los demás operan como un guía espiritual en un tiempo u otro. Ésta comunicación es hablada en varias maneras: a través de un médium quien esté en un trance (mi método), manifestando un fenómeno físico a través de un médium físico, comunicando energía a través de un psíquico sanador, comunicando verbalización a través de un médium claraudiente (lo cual yo también hago), y dando impresiones fuertes a través de un médium comunicador. Todas éstas prácticas se toman años de instrucción, y si no se conducen apropiadamente, pueden considerablemente lastimar a un psíquico o a un médium.

Para entender la jerarquía de las entidades del quinto y sexto nivel, debo elaborar en los siete niveles de delineación en el Otro Lado. Estos niveles están puestos para el propósito de categorizar y organizar grupos de entidades de acuerdo a su experiencia y vocación. Ellos no son niveles de avanzamiento.

El primero y segundo nivel son para orientación, donde las entidades quienes acaban de cruzar de tu plano residen temporalmente. (Estos niveles serán explicados más tarde.)

El tercer nivel es para todas las entidades quienes escogen un estilo de vida más sencillo, más rural. Estas entidades seleccionan trabajar con animales, agricultura y artesanías.

Las entidades del cuarto nivel son un poco más diversificadas, siguiendo tales campos como el arte, la escritura, y la artesanía.

Las entidades del quinto nivel asisten en orientaciones. Algunos son consejeros, y otros son controles—cultivando tales áreas como negocios, medicina, ciencia, y estudios relacionados a eso.

Las entidades del sexto nivel son organizadores, maestros, oradores, filósofos, y lideres.

Consecuentemente, entidades del quinto y sexto nivel seguido se vuelven supervisores, gerentes, o lideres en varios tipos de trabajos vocacionales. Por motivo de la experiencia necesitada en estos niveles, las entidades toman aún más responsabilidad como supervisores de proyectos de investigación y centros de orientación.

Las entidades del séptimo nivel escogen regresar dentro de la Divinidad, y así, residen en el Otro Lado por un corto tiempo. Pocas entidades seleccionan este nivel desde que ello requiere la perdida de tu individualidad y personalidad, como la energía de su creación regresa a la Divinidad. Las entidades que escogen este nivel son usualmente muy espirituales y muy avanzadas, porque su amor a Dios es tan intenso ellos desean ser absorbidos de regreso en Él.

Si nuestra jerarquía es una forma de gobierno, ello más bien representaría una forma pura de la democracia antigua Griega—interacción completa con todos en mi lado, y el poder para que todos actúen y contribuyan si así ellos lo escogen. Porque no hay egos en el Otro Lado, nuestra jerarquía gobierna con completo amor y armonía—deseando lo mejor para cada individuo, al igual que para todos.

¿Residen todos los niveles juntos?

Sin importar en que nivel escogemos vivir, todos residimos en la misma dimensión. Hay áreas en mi lado donde la población es predominante en el mismo nivel—por conveniencia y estilo de vida o propósito vocacional.

Mientras hay siete continentes en tu plano Terrenal, nosotros tenemos siete áreas correspondientes en el Otro Lado, cada una de éstas está dividido dentro de 4 secciones o cuadrantes, totalizando 20 cuadrantes en siete diferente áreas. Cada cuadrante tiene un propósito principal de intento y entidades quienes contribuyen a estos esfuerzos residen ahí para compartir intereses y vocaciones similares y también están en el mismo nivel.

Por ejemplo, en lo que tú llamas Norte America, hay cuatro cuadrantes. Cuadrante uno es básicamente muy pastoral, poblado con muchos animales, donde la investigación es conducida en la cría de animales y la agricultura. Está habitado por aproximadamente el 80 por ciento de entidades del tercer nivel y 20 por ciento de entidades del cuarto, quinto y sexto nivel.

El cuadrante dos es una área industrializada para la investigación de métodos nuevos de producción y diseño. Está habitado por aproximadamente el 60 por ciento de entidades del tercer nivel, 30 por ciento de entidades del cuarto nivel y el sobrante 10 por ciento es una combinación de entidades del quinto y sexto nivel.

El cuadrante cuatro es el dominio científico para el trabajo médico y científico. Está ocupado por aproximadamente el 40 por ciento de entidades del quinto nivel, 40 por ciento de entidades del sexto nivel, y el sobrante 20 por ciento contiene entidades del tercero y cuarto nivel.

Debe de ser notado que todos los niveles son iguales y solamente están distinguidos por la experiencia y vocación de la entidad. Usualmente, las entidades de nivel avanzado tienen más encarnaciones en la vida. Ellos han visitado el plano Terrestre más seguido, y así, han obtenido más experiencia con la negatividad y todo lo que tu planeta tiene de ofrecer.

¿Trabajamos en el Otro Lado?

Toda creada entidad trabaja en el Otro Lado. La palabra *trabajo* es probablemente un término inapropiado en este caso, desde que todos disfrutamos grandemente nuestro escogido campo de trabajo. No es parecido a tu plano, donde trabajas en orden para alimentar, vestir y mantener a una familia, nosotros trabajamos porque lo disfrutamos y obtenemos más conocimiento acerca de Dios, nuestro Creador.

Tú estarás interesado en saber que *todo* conocimiento, fue primero accedido en mi plano. Ésta sabiduría, obtenida por nuestro trabajo e investigación, es luego transferida en tu plano de varias maneras—usualmente implantándola dentro del cerebro de un investigador, científico, o filósofo. Todas las invenciones, curas médicas, teorías científicas nuevas y descubrimientos son *todas* transmitidas de nuestro plano para tu beneficio y uso. Aún tales cosas como la música, el arte, y diseños nuevos son implantados dentro del individuo en tu plano.

En general, nosotros embrazamos varios intereses o pasatiempos en adicción a nuestro trabajo. Por ejemplo uno de nosotros puede que sea un físico ávido; y aún amar la navegación, la escritura, andar en caballo, o jugar un deporte tal como el jai alai. Desde que no tenemos ninguna referencia de tiempo tal como tus horas y minutos—éstas existen sólo en tu plano—tenemos suficiente tiempo libre para seguir cualquier interés.

Sin ningún sentido del tiempo en el Otro Lado, es a veces difícil el relacionarnos a tu tabla del tiempo. Si tú vives a unos 100 años de edad en tu plano, tú has envejecido sólo unas pocas cortas semanas aquí. Esto es difícil de explicar porque no medimos el paso del tiempo de ningún modo; sólo podemos ofrecer esta analogía para ayudarte a entender.

Cuando tus seres queridos cruzan al Otro Lado, a ellos se les dificulta dejarte atrás en tu plano. Aunque tú estarás con ellos en corto tiempo, ellos saben que tienes que pasar por varias pruebas y tribulaciones. Ellos también reconocen, sin embargo, que tú regresarás en Casa pronto—sano y salvo. Así que, ellos no se pueden poner muy molestos acerca de cualquier dificultad que tú puedas pasar—así sea dolor, sufrimiento, o pena, porque ellos saben que te verán pronto, aún si tienes años que te queden de vida en tu plano.

Vamos a decir que uno de tus niños se cortó su dedo con una espina. Tú puedes estar preocupado mientras ellos sienten dolor, pero tú sabes que la herida sanará y ellos funcionarán normalmente en muy corto tiempo. Tú no te puedes poner muy molesto por tales situaciones triviales. Esta es la razón primaria del porque los controles tal como lo soy yo tenemos que pasar por tal intensivo entrenamiento. De otra manera, no nos pudiéramos "relacionar" con tus problemas humanos. En un sentido, nos tenemos que volver humanamente familiarizados con tu plano y con su impacto negativo—así sea algo pequeño—en las entidades creadas. Tenemos que aprender a volvernos sensitivos en orden para comunicarnos efectivamente en tu plano Terrestre—por medio de un médium tal como lo es Sylvia.

Así, que no te molestes si un ser querido cruzó y tú no sientes su presencia o experimentas "una comunicación del más allá". Ellos probablemente están muy envueltos en su trabajo y sólo están esperando por un periodo corto cuando tú regresas a Casa.

¿Tenemos funciones humanas normales en el Otro Lado?

Funcionamos muy parecido como lo hacen ustedes en tu plano, con la excepción de varias diferencias positivas. Como se menciono anteriormente, no tenemos que comer, beber, or dormir. También, no tenemos de ninguna forma que usar el baño, o ninguna falla física dentro del cuerpo o de la mente.

Tenemos los cinco sentidos que existen en tu plano, pero ellos están grandemente desarrollados. Podemos escuchar, saborear (si así lo deseamos), sentir, hablar, y ver mucho mejor que en tu plano. Nunca de ninguna manera nos cansamos o agotamos o lastimamos. Mental y físicamente, nos sentimos 100 veces mejor que de lo que te sientes tú, aún aunque te sientas mejor de lo que te has sentido en tu vida.

¿Qué habilidades tenemos en el Otro Lado que no tenemos aquí?

Limitaciones en el cuerpo y la mente difieren de tu plano al mío. Las entidades en el Otro Lado se comunican telepáticamente la mayor parte del tiempo, especialmente cuando están en grupos pequeños. En las reuniones sociales más grandes, la palabra verbal es usada para que así no haya ninguna confusión.

También tenemos la habilidad de bilocarnos en el Otro Lado. Esto significa que podemos visitar a alguien o algún lugar y aún así continuar haciendo nuestro trabajo. Nos concentramos profundamente y mentalmente nos proyectamos a ese local diferente, mientras nos estamos enfocando en donde estamos. Podemos hacer esto muy fácilmente, y muchas entidades pueden bilocarse incluso a más lugares para los propósitos de asistencia. Si es necesario, Jesús puede literalmente bilocarse en millones de lugares.

En adicción, contenemos dentro de nosotros mismos toda la sabiduría abierta para nosotros. Todas nuestras experiencias son rápidamente recordadas y guardadas como conocimiento—de todas nuestras encarnaciones, al igual que de los eones de aprendizaje y progresión que obtuvimos en el Otro Lado. Nuestra experiencia total es conocida por nosotros aquí, donde la gran cantidad de tu conocimiento está bloqueado en tu subconsciente en el plano Terrestre.

Cualquier conocimiento que deseamos acceder es disponible para nosotros por medio de los Archivos Akashic, los cuales contienen todo lo de la sabiduría—el pasado, presente, y futuro—para tu planeta Tierra y las creaciones que residen en su Otro Lado. Cada planeta habitado tiene su propio Archivo Akashic, los cuales son innatos a ese planeta en particular y su Otro Lado.

¿Mantenemos nuestras identidades y personalidades?

Todos ustedes mantienen sus básicas identidades y personalidades—tu individualidad—cuando tú estás en el Otro Lado. Las únicas excepciones son las de quienes escogen el séptimo nivel y son absorbidos de regreso dentro de la Divinidad. La cosa más difícil de entender para ti es de que tu personalidad e individualidad son un compuesto de todas tus experiencias—esas del Otro Lado al igual como esas de cuando encarnaste en varias vidas.

Tus experiencias, así sean buenas o malas, influyen en ti como persona. Tus acciones, al igual como los eventos que enfrentas, ayudan a crear tu personalidad y determinan como reaccionarás en una situación dada. Tú has vivido en varios lugares por todo el mundo en vidas pasadas y las experiencias que tú coleccionaste mientras estabas en esas vidas modelaron tu personalidad e identidad individual de *hoy*. Esta es una razón del porque el tratamiento de regresión hipnótica puede ser tan efectivo en resolver problemas psicológicos y físicos que tú puedas tener.

Cuando tú estás en mi lado, tu personalidad no cambia; funciona en su nivel optimo. Imagínate que tú estás en el periodo más alegre de tu vida—con tu personalidad a su máximo, brotando carisma y felicidad. Toma este sentimiento y magnifícalo unas 100 veces y tú obtendrás una indicación de cómo tu personalidad trabaja *todo el tiempo* en el Otro Lado.

¿Qué tal acerca de la gente que no nos cae bien? ¿De repente nos caen bien todos?

Los gustos y desagrados son parte de nuestra personalidad individual y son directamente atribuidos a nuestra propia experiencia. Si no nos cae bien una persona, es usualmente porque nuestra experiencia con esa persona (o alguien como ellos), ha sido negativa. El desagrado no es algo creado en una entidad; debe de ser formado de nuestra propia experiencia.

En el Otro Lado, nuestro conocimiento está abierto a lo máximo. Realmente vemos la razón por la cual la gente nos trató muy mal, así haya sido porque ellos estaban bajo demasiada presión, o el evento fue una experiencia de aprendizaje para el alma. Con este conocimiento, nuestra manera de ver es muy diferente al que sería en el plano Terrestre. Por la mayor parte, no tenemos ningún "desagrado" en el Otro Lado. Amamos a todas las almas de la creación porque ellas son una parte de Dios, como lo somos nosotros.

Ha habido muchos casos cuando relaciones no funcionan en nuestro lado, pero eso no significa que estos individuos se odian uno al otro. Ellos aún aman el alma pero escogen no asociarse con uno al otro. Esto es, por supuesto, la manifestación de individualidad. Cada y toda entidad en la creación puede escoger con quien asociarse. Todos tenemos nuestros amigos cercanos, esos con quienes socializamos más frecuentemente o compartimos confidencias. Ese es el propósito de la personalidad y el deseo individual. No conozco de alguien quien odia o tiene un intenso desagrado por otra entidad en mi lado—sólo hay mucho amor y armonía aquí.

La razón principal por este amor y armonía es la falta de vanidad. No hay competición en el Otro Lado. Todos trabajan juntos para el bien común. El orgullo y los celos no existen. Esto es a razón del conocimiento y la memoria completa que cada uno de nosotros retiene en nuestra superconciencia. Todos sabemos el propósito y la razón para la existencia—el amar, y obtener conocimiento para y acerca de Dios.

Tú nunca encontrarás entidades peleando una con la otra, así sea verbal o físicamente. Si hay un debate acerca de un tema en particular y alguien se enoja, todas las entidades en la cercanía inmediatamente se dan cuenta de este enojo vía a la emanación de la energía dentro de la aura de la entidad. Entonces ellos se apresuran hacia esa entidad para calmarla y regresarla al conocimiento inmediato y a la razón. Eso es lo que es tan maravilloso en el Otro Lado—todos nosotros nos ayudamos uno al otro a volvernos más positivos y amorosos—y en un ambiente libre de negatividad, es muy fácil hacerlo.

¿Hay actividades sociales en el Otro Lado?

Tenemos numerosas actividades sociales en el Otro Lado. Hay tantas que ellas literalmente atienden a cada y a toda entidad. Hay danza y música en salones de baile y en auditorios hay discursos y debates de casi todos los temas, exhibiciones y galerías de cada tipo de arte que haya sido creado, programas y exhibiciones de ciencia, y la lista sigue. Así sea que una persona desee sólo ver estos eventos o ser un participante, es, por supuesto, la decisión individual de la entidad.

En adicción a eventos de magnitud mayor, hay muchas actividades más pequeñas que también toman lugar. Podemos querer escuchar alguna música en privado, ir a un baile, o visitar un gimnasio o un lugar vacacional y disfrutar la selvatiquez y las actividades al aire libre tales como la arquería o andar en caballo. Hay muchos lugares donde pescar (los pescamos y soltamos, por supuesto); nadamos; navegamos; caminamos; escalamos montañas; o hacemos cualquier cosa que deseemos. No hay cacería, sin embargo, a razón de que nada puede ser destruido en el Otro Lado, ni desearíamos hacerlo.

Hay muchas actividades atléticas aquí. La mayoría son deportes sin contacto, porque nadie siente la necesidad para la agresión. Deportes tales como el jai alai, la pelota de mano y el tenis son muy populares; al igual como el navegar, el nadar y el clavado. Otros deportes incluyen andar en canoa, remar, caminar, actividades ecuestres, la gimnasia, correr, boliche, golf, y esquiar. (¡La nieve no se derrite aún en los 72 grados!) Casi cualquier deporte sin contacto imaginable es jugado en el Otro Lado.

Otras actividades sociales incluyen pasatiempos tales como el cocinar. Aunque la comida tiene poco sabor y no es necesaria para nuestra existencia, los cocineros gourmet aún les gusta cocinar y participan periódicamente en exhibiciones; como lo hacen la gente en artesanías, los artistas y las demás personas.

Entidades individuales o parejas están constantemente ofreciendo fiestas para sus amigos. Esta es una ocasión cuando podemos darnos gusto con un poco de comida y bebida—no necesariamente por el sabor, pero para la atmósfera social.

Cuando regresamos a Casa en el Otro Lado, nos encontramos inclinados en participar en alguna clase de actividad social. Aunque no tenemos que participar, la mayoría lo hacen. Yo misma soy lo que tú llamarías una "fiestera". Me encantan las fiestas y bailes, y las atiendo regularmente cuando soy invitada. Sylvia siempre bromea que cuando no estoy a su alrededor (otra guía me suplanta, por decirlo así), estoy en otra fiesta. Me encantan, al igual que les encantan a la mayoría de las entidades.

¿Qué es lo qué alguien puede hacer por toda la eternidad?

Trabajamos, socializamos, aprendemos y disfrutamos nuestra existencia. Es interesante el notar aquí que todos tenemos 30 años de edad en el Otro Lado. Esta es la edad perfecta porque tenemos una buena combinación de madurez y juventud. Sólo los ancianos toman la apariencia de estar más viejos para proyectar así su sabiduría y conocimiento.

Nadie de nosotros en el Otro Lado considera que la eternidad es larga o interminable, porque el tiempo realmente no existe para nosotros. Estamos de todas maneras muy ocupados para pensar en tales cosas. Todos estamos dichosamente felices, considerándola una bendición absolutamente dichosa de que podemos existir de ésta manera, y continuamos aprendiendo acerca y existir con nuestro Creador en un lugar parecido a un paraíso.

¿Tenemos casas en el Otro Lado?

Esos quienes escogen hacerlo pueden tener una casa en el Otro Lado. Las entidades quienes tienen almas gemelas (una forma de matrimonio) viven en casas individuales. Muchas otras viven en estructuras parecidas a dormitorios similares a apartamentos con cuartos singulares, o en lugares más grandes donde grupos pueden residir. Porque no necesitamos dormir, preferimos este tipo de residencia a causa de las oportunidades sociales.

Las casas donde las entidades individuales viven pueden ser de cualquier diseño y estilo de arquitectura. Entre las más populares están las: Tudor, Georgiana, y la Greco-Romana, al igual como los diseños modernos. Muchas son elaboradamente amuebladas, mientras otras son más rusticas y sencillas. Muchas exhiben una multitud de ventanas de vidrio y puertas. Mientras otras están completamente abiertas. Cada casa es distintiva porque los residentes usualmente las diseñan para llenar sus propios deseos y especificaciones.

La construcción de edificios en el Otro Lado funciona de dos maneras. Algunos escogen la manera convencional donde carpinteros, trabajadores de madera, y artesanos—quienes disfrutan de ésta clase de trabajo—construyen la casa. El otro método no es posible en tu plano: entidades actualmente construyen un edificio usando sólo la energía del pensamiento. Vamos a decir que queremos construir un nuevo salón. El lugar será seleccionado y varios arquitectos delinearán los contornos del edificio, usando solamente sus pensamientos e ideas. Si tú pudieras ver este proceso, verías actualmente a las líneas formarse en el aire, casi como si el arquitecto estuviera dibujando éstas líneas en una mesa de dibujo. Si por casualidad a ellos no les gusta lo que ven, ellos pueden siempre borrar las líneas de "energía" y empezar otra vez.

Una vez que este plano está completo, un grupo de entidades se reúnen juntos y producen los materiales para el edificio—las paredes, techo, ventanas, el terminado interior—todo en madera, o cualquier otra substancia que sea necesitada. Todo esto es hecho a través de procesos de concentración de pensamiento que se transforma en materia real.

Esencialmente seguimos el mismo proceso para mantener nuestra propia apariencia. Si decidimos cambiar como nos vemos, sólo nos enfocamos en cambiar nuestra apariencia y podemos instantáneamente cambiarla, por ejemplo, de una rubia de ojos azules a una de pelo oscuro con ojos cafés. Hacemos esto de vez en cuando de acuerdo con nuestros deseos.

¿Hay matrimonio en el Otro Lado?

Porque vivimos muchas vidas en tu plano Terrestre, puede que tengamos varios esposos y/o esposas. Vamos a suponer que una entidad vivió 20 vidas. Ella puede muy bien tener 20 esposos diferentes. En el Otro Lado, una entidad tiene a un alma gemela lo cual es muy similar al estar casado, sólo que ésta relación dura por una eternidad.

Cuando fuimos creados por la Divinidad, estábamos esencialmente completos por la mayor parte. Digo "por la mayor parte", porque un alma gemela es actualmente la "otra mitad" creada de nosotros. Si un individuo es creado como una entidad masculina, entonces una entidad femenina es creada para ser el complemento o la "otra mitad" de este individuo—creando, en dos entidades, la ultima dualidad de masculino y femenino. No todas las entidades son creadas para ésta dualidad—algunas son creadas para el propósito de experimentar la "singularidad"—pero la vasta mayoría tiene un alma gemela. Un alma gemela es una entidad creada que se une con la otra entidad cuando ambos han determinado que el tiempo es el correcto para que ocurra ésta relación dual. Es, en esencia, un matrimonio para la eternidad.

Usualmente, las almas gemelas existen singularmente hasta que ellas han completado su propio nivel escogido de experiencia y avanzamiento. Una vez que ellas han completado su entrenamiento, ellas se unen y existen en un matrimonio como almas gemelas. Esta unión puede tomar eones dependiendo todo en los individuos envueltos. Como dije antes, algunas entidades ya han pasado este proceso de aprendizaje y ahora están juntas, mientras otras aún están en las etapas de avanzamiento. Cuando el tiempo sea correcto, ellas casi siempre se unen. Una entidad puede o no estar con un alma gemela, dependiendo en que si ellos son una creación singular o han alcanzado el "tiempo" correcto para su matrimonio.

"Las almas queridas" son esas quienes tienen un amor muy profundo del uno para el otro. La mayoría de nosotros tenemos numerosas almas queridas, pero solamente una alma gemela. Por ejemplo, si tenemos una muy profunda amistad amorosa con alguien en ésta vida, es probablemente porque somos almas queridas en el Otro Lado. Todos nuestros amigos cercanos y "nuestros significantes" en el Otro Lado son almas queridas.

Tú puede que preguntes si hay actividad sexual en el Otro Lado. Sí, hay una forma de relación sexual, la cual llamamos la "integración". La integración es difícil de explicar porque puede ser sexual o no sexual, y tú no tienes nada como eso en tu plano. Es el acto en el cual el alma de uno actualmente se integra con, o se une con, el alma de otra entidad. En la "integración sexual", el proceso empieza como el acto sexual en tu plano, pero entonces los cuerpos actualmente coexisten juntos, completamente se integran y se fusionan.

La integración sexual resulta en los más intensos "orgasmos", pero es difícil describirlos porque tú no puedes experimentarlos en tu plano Terrestre. Si tú puedes imaginar el orgasmo más intenso y placentero que hayas alguna vez tenido y multiplicarlo por 100, entonces puedes casi imaginarte de cómo se siente el integrarse sexualmente en mi lado. Este orgasmo es también más largo que en tu plano. Si tú puedes imaginar un orgasmo que dura varias horas, eso puede ser una buena indicación de lo largo de un orgasmo en el Otro Lado.

La integración sexual es aceptable y disponible para todas las entidades. Tú debes entender que no hay juzgamiento moral para este acto entre las almas que no son gemelas porque es hecho con el intento más puro—el amor. La moralidad en el Otro Lado no existe, simplemente porque la negatividad no existe. No hay tal cosa como "pocos morales", porque todas las entidades son amorosas, no tienen vanidad y nunca lastimarían a otra entidad de ninguna manera. Esto puede asombrar a esos quienes viven con altos estándares religiosos y de moral, pero tu manera de vida en el plano de la Tierra está rodeada de negatividad—mientras que la vida en el Otro Lado es amorosa, calmada, y completamente bendita por todas formas. No tratamos con asuntos de moralidad simplemente porque no hay necesidad para ello.

La integración que no es sexual, por ejemplo, es el acto en el cual el alma de una entidad en mi plano entra dentro de otra y experimenta la esencia total de esa persona: la mente, cuerpo y alma. Es muy intensa y placentera. Este proceso no es sexual de ninguna manera, pero ocurre en un nivel cerebral, creando un éxtasis mental que no se puede describir. Generalmente hablando, todos en el Otro Lado han, en un tiempo u otro, participado en una integración que no es sexual.

Las almas gemelas se unen en el modo tradicional. La entidad masculina "propondrá" una unión a la entidad femenina. Si ella acepta y ambos están en su nivel deseado de avanzamiento, ellos entonces van al Consejo y les piden su bendición. Una vez que eso se hace, la pareja es santificada y empiezan su vida como almas gemelas en mi plano. Escogiendo un alma gemela siempre origina con la entidad masculina. Aunque esto pueda que suene machista, es una tradición que seguimos. La mujer tiene el derecho de rechazar o aceptar la oferta en todos los casos. A veces, más de un hombre puede pedirle a una mujer en particular ser su alma gemela. Sin embargo, esta circunstancia es muy rara y nunca dirige a ninguna violencia o a malos sentimientos, cuando la mujer acepta a quien ella quiera.

Las almas gemelas generalmente escogen vivir en una casa juntas. Esto no disminuye, sin embargo, a ninguna de sus costumbres sociales anteriores, actividades, o amistades. Muchas almas gemelas viven muy felizmente haciendo cosas juntas, mientras otras pueden desear seguir sus propios intereses en una manera singular por una porción del tiempo. De cualquier manera es aceptable.

¿Podemos ver a Dios o a Jesús en el Otro Lado?

Dios siempre está presente en nuestro lado, pero no en una forma de cuerpo. La presencia de nuestro Padre y Madre es tan poderosa que exude a través de cada poro de nuestro cuerpo y cada célula de nuestro ser. Nuestro Padre y Madre constantemente se comunican con todos en el Otro Lado a través de infusión mental y amor. La energía del amor de Dios es una verdadera manifestación en nuestro lado y está constantemente presente. No hay un momento de existencia en mi lado cuando no sentimos la presencia de Dios.

Todos diariamente somos bañados con la energía del amor e infusión mental de Dios, y hay un método que podemos usar para "hablar" o "comunicarnos" con Dios. Cada cuadrante tiene un área designada donde una entidad puede ir y hablar directamente y ser confrontado con una porción de la energía y presencia de Dios— conveniente para la comunicación directa. Este método es llamado "yendo atrás del séptimo nivel", y es, en esencia, la energía de todas las entidades quienes han escogido ir al séptimo nivel.

Desde que todos nosotros somos una porción de la energía de Dios y contenemos una medida pequeña de Su conocimiento, muchas entidades quienes han escogido ir al séptimo nivel cubre una gran cantidad de conocimiento Divino. Todo este conocimiento es combinado con la concertada presencia de Dios.

Yo misma he "ido atrás del séptimo nivel" varias veces y es una experiencia inolvidable. Cuando estoy ahí, me encuentro en un espacio con nubes que parecen hechas de vapor que dan vueltas a mi alrededor. La energía de Dios es grandiosa y la fuerza de Su presencia es predominante. Puedo ver y escuchar lo que parecen ser millones de caras dentro de ésta masa, y puedo comunicarme y recibir respuestas verbales o telepáticamente. Algunas entidades escogen el no ir atrás del séptimo nivel porque la energía es tan poderosa que puede ser desconcertante—y aún incomoda. La emanación del poder de Dios es tan fuerte que algunas entidades no pueden tratar con ello muy bien. Los ancianos van continuamente para una comunicación directa con la Divinidad, pero la mayoría de las entidades se detienen porque realmente no hay necesidad de ir ahí.

Se me ha dicho que ciertas entidades creadas en los niveles elevados se han comunicado con Dios en una forma de cuerpo. Esto es solamente posible por entidades fuertes y especialmente creadas, tales como Jesús.

Jesús existe en mi lado en forma de cuerpo. Su poder y bondad son constantes, y él siempre es un recordatorio que el amor de Dios es perfecto. Él camina entre nosotros y seguido habla con las entidades, interactuando con todo el que se acerca a él. Porque él puede dividirse a si mismo a infinidad de lugares, él está presente en cualquier hora. Tú puedes verlo en discusiones serias y amorosas con un grupo de entidades por una fuente, o encontrarlo caminando en una colina con una o dos entidades en conferencia acerca de la filosofía, o verlo carcajeándose ruidosamente después de que alguien ha dicho un chiste.

Jesús de ninguna manera es mórbido o una persona sufridora. Él tiene un fantástico sentido del humor, él ama el divertirse en una fiesta o en una reunión, sin embargo él puede aconsejar o responder a preguntas de alguien en necesidad. La mayoría de sus consejos se enfocan en la filosofía, o como escoger un tema para una encarnación. Se pasa la mayor parte de su tiempo sólo estando ahí para todos nosotros, y personificando la epitome de la creación de Dios.

¿Cuál es el propósito de la negatividad?

Mientras el Otro Lado es el Hogar eterno para todos nosotros, muchos escogen el encarnar en el plano Terrestre para experimentar la negatividad. En tanto como la negatividad es un aspecto de conocimiento, encarnamos en un plano negativo para obtener ese conocimiento, porque sin ella, estamos perdiendo la suma total de toda la sabiduría.

Es mucho más fácil el ser positivo en un ambiente perfecto (tal como lo es el Otro Lado) sin el peso de la negatividad. La mayoría de nosotros, sin embargo, ponemos a prueba la fuerza y "centro" de nuestras almas para obtener experiencia y conocimiento acerca de la maldad. Esta sabiduría es necesaria para una perspectiva acertada de nuestra verdadera realidad—el Otro Lado.

¿Por ejemplo, cómo realmente podemos apreciar y conocer la dicha sólo que hayamos experimentado la pena? ¿Cómo pueden nuestras emociones relacionarse a algo malo, triste, o negativo sólo que hayamos personalmente experimentado eso? Sin conocer acerca de lo "oscuro", nunca apreciaríamos (y a lo mejor no le daríamos importancia) a lo "blanco".

Una de las preguntas que se me hace más seguido es: "¿Si la maldad existe, eso no significa que una parte de Dios es mala?" ¡La respuesta es un resonante no! Ciertamente, Dios tiene el conocimiento de la maldad y la negatividad, pero eso no lo hace a Él malo o negativo, en actualidad, las "creaciones" de Dios causan y perpetúan la maldad. *La humanidad crea la negatividad, no Dios.*

Si las creaciones de Dios son interpretadas como una *parte* de Dios, entonces algunos pueden sentir que Dios tiene la negatividad dentro de Él. Pero la Divinidad simplemente tiene el *conocimiento* de la negatividad. La negatividad es un producto de las creaciones de Dios. Desde que la negatividad es una parte del conocimiento y nosotros somos la parte experimentadora de Dios, entonces experimentamos la negatividad y la penetramos en orden para ganar sabiduría de ella.

Dios es todo amor y misericordia. Nosotros, como Sus creaciones, escogemos experimentar la negatividad para que así podamos aprender más acerca del conocimiento que contiene la Divinidad. Aún cuando experimentemos o creemos ésta negatividad, recuerda que ella solamente existe en el mundo físico—no existe en el Otro Lado. Si esto es confuso, sólo ten en mente que sólo estamos sujetos a la negatividad mientras encarnamos en un plano negativo que es irreal— por corto tiempo que no es nada comparado a una eternidad.

A lo mejor la siguiente analogía te ayudará. Imagina que tú creaste una pieza hermosa de arte. ¿Cuándo está hecha, que es lo que haces con ella? ¿La exhibes orgullosamente en la repisa de la chimenea? ¿La vendes? ¿Se la das a un amigo? Vamos a decir, por ejemplo, que tú se la das a un amigo. Una vez que él recibe tu obra de arte, desde ese momento tu amigo es responsable por lo que hace con ella Él puede exhibirlo orgullosamente, guardarlo en el desván, venderlo, o simplemente arrojarlo a la basura. Todas éstas acciones son aceptable para Dios, pero sólo tú puedes determinar cual de ésta elección es "buena" o "mala".

Dios ha dado a Sus creaciones (la humanidad) la voluntad libre para escoger todas sus acciones. Como resultado, somos responsables por nosotros mismos, nuestras acciones y nuestra manera de obtener conocimiento. Dios nos ha creado y permitido avanzar por si mismos. Él no interfiere en este proceso de aprendizaje, pero Él constantemente ofrece Su amor y ayuda.

Sin embargo, Dios ha impuesto una regla para toda la creación. Él no permitirá que ninguna de Su energía creativa sea perdida. Todo lo que Él creó es intricadamente bueno, pero si una entidad prosigue en algo malo o negativo, ellos aún últimamente serán absorbidos de regreso dentro de Él cuando hayan alcanzado su avanzamiento final. Cuando y si hay una medida de tiempo envuelto en eso, sólo Dios sabe eso. Todos nosotros sentimos que no hay final para el avanzamiento; es algo eterno.

Al sumariar esto, escogemos experimentar la parte del conocimiento de Dios que es la negatividad. Hacemos esto para obtener más conocimiento acerca de Dios. Dios es todo amor y caridad, y nos permite a todos nosotros avanzar por si mismos sin Su interferencia. La humanidad creó la negatividad en este proceso de avanzamiento propio. La verdadera realidad está en el Otro Lado—una dimensión positiva en la cual la negatividad no existe.

¿Cómo escogemos nuestras encarnaciones?

Antes de escoger encarnar en el plano Terrestre, una entidad deber pasar por un proceso extensivo de orientación. Ellos hacen esto por la vasta diferencia entre las dos dimensiones, la positiva y la negativa. Sin la orientación, ellos estarían totalmente confundidos y no podrían ajustarse a ella sin una preparación.

Igualmente, ellos pasan por una orientación cuando vuelven de una encarnación—por la misma razón arriba mencionada—y también para salir de cualquier trauma por la que ellos hayan pasado durante su estancia en el plano negativo. Esto es conducido en lo que es llamado "Centro de Orientación".

Los Centros de Orientación fueron implementados por razón del trauma que ocurre cuando una entidad cambia entre los planos positivos y negativos. El cambio es tan intenso para que una entidad la soporte. ¡Sería comparable al viajar de un clima caliente y tropical y luego ir al Polo Norte sin usar nada de ropa! Las entidades en el Otro Lado no están sujetas a la negatividad y viven sin ella. Pero cuando ellas encarnan y de repente cambian a un plano negativo, el trauma resultante pone en choque a su alma. Sin el proceso de orientación, éste choque sería imposible de soportar para ellos.

A un grado menor, aunque igualmente vital, es el procedimiento para regresar del plano negativo al Otro Lado. Las entidades quienes experimentan una muerte traumática seguido necesitan una orientación para aceptar su muerte y prepararse para su nuevo plano de existencia. Su vida física será "revisada" en un Centro de Orientación para así determinar si ellos han llegado a sus metas, que tan bien ellos progresaron, maneras que ellos podían mejorar, o cualquier error que ellos hayan hecho. Este proceso da a la entidad el conocimiento completo de su experiencia y sus triunfos durante su reciente encarnación para el avanzamiento de su alma.

Cada cuadrante tiene un Centro de Orientación. Estos centros son más grandes en algunos cuadrantes que en otros a razón de la densidad de población. Todos ellos están ampliamente equipados para tratar con cualquier entidad que sale o está regresando del plano Terrestre.

La mayoría de la gente ve a la muerte, o el cruzar al más allá, como algo traumático. En el Otro Lado, lo opuesto es la verdad—encarnando en el plano Terrestre es el verdadero trauma. Para prepararse, cada entidad entra a sus respectivos Centro de Orientación en el cuadrante donde ellos encarnarán.

Cuando una entidad decide encarnar en el plano Terrestre, ellos inmediatamente buscan la ayuda y la asistencia de consejeros en el Centro de Orientación. Aquí, ellos revisan lo que desean completar. Dependiendo esto en sus necesidades y deseos, la entidad escoge sus padres, el lugar, grupo étnico o racial, historia familiar, clase o modo de vivir, forma del cuerpo, la apariencia, asuntos de salud, el ambiente, y condiciones para las experiencias positivas y negativas. Todos estos factores, y más, son examinados detalladamente por la entidad y los consejeros—que son expertos en encarnaciones y las necesidades de las entidades.

Seguido, un consejero tratará de disuadir a una entidad de escoger una encarnación si ellos sienten que no podrá manejarla. La mayoría del tiempo, sin embargo, los consejeros ayudan a una entidad a escoger una vida que seguirá su tema (tal como una "maestría" en el colegio), para que así ellos puedan avanzar a su propio paso en su campo escogido de conocimiento. Los consejeros son usualmente entidades del quinto y sexto nivel quienes son muy conocedores del plano Terrestre y lo que tiene ella que ofrecer. Cuando no estoy asistiendo a Sylvia, yo ayudo a victimas de la guerra en el Centro de Orientación en mi cuadrante. También asisto a muchos niños en el proceso de orientación.

Las entidades pueden siempre escoger sus encarnaciones y el ambiente que lo rodea. La mayor parte de su voluntad libre es implementada mientras ellas están en el Otro Lado. En tu plano Terrestre, ellas pueden pensar que están actuando con voluntad libre, pero realmente están siguiendo su propia dirección y conocimiento subconsciente. Porque ellas han pre escogido lo que desean experimentar en el plano de la Tierra, su encarnación es últimamente un manera de implementar éstas selecciones.

Una entidad no tiene conocimiento conciente de estos elementos y eventos pre determinados. Cuando pasan por un tiempo difícil en particular, la última cosa de la que ellos piensan es del hecho de que ellos *escogieron* pasar por eso. Todo lo que ellos han experimentado en su vida es directamente atribuido a las selecciones que ellos hicieron antes de que encarnaran—así sean buenas o malas. Algunos de ellos pueden tomar consuelo en esto; otros puede que no.

Es difícil para un padre el darse cuenta de esto cuando acaba de perder a un hijo. Sin embargo cada miembro de esa familia escogió pasar por esa particular experiencia. Esas entidades quienes sienten una pena tremenda sobre una acción en particular deben darse cuenta de que si eso fue hecho con intento malicioso, entonces debe de sentirse culpa, si no, no. Esas entidades involucradas escogieron pasar por ello.

A causa del proceso de orientación, casi todas las entidades hacen una transición suave de un plano a otro. Hay muy pocos que están "atados a la tierra"—son entidades quienes no hacen la transición del plano Terrestre al Otro Lado. Ellos residen en una clase de estado "limbo" entre las dos dimensiones y muchas veces ellos son conocidos como "fantasmas".

Cuando el alma de una entidad entra a un feto. Y ellos sienten que no es el tiempo o circunstancia apropiada, ellos se pueden salir temprano y regresar al Otro Lado. Esta es una de las razones principales de los abortos no planeados y el síndrome de muerte infantil súbita (SIDS). Esto no aplica, sin embargo, al suicidio.

La única acción que no es planeada es el suicidio. Si una entidad toma su propia vida, ellos deben de volver a otra vida inmediatamente. Más que eso, ellos tienen que volver y experimentar las mismas circunstancias otra vez. Ellos deben de terminar su plan espiritual antes de que puedan permanecer en "Casa". No hay una manera fácil de salida.

Los Centros de Orientación en el Otro Lado son muy eficientes. Cada uno provee consejeros quienes se especializan en ciertos tipos de muerte—el cáncer, suicidio, trauma, muertes relacionadas con la guerra, muerte de niños, y la lista sigue. En adición, las áreas de orientación están colocadas para las entidades quienes tienen ciertas creencias preconcebidas acerca de lo que pasa después de la muerte. Esto asegura que un profesado ateo o una persona con una tradicional historia religiosa no se confunda cuando sea confrontado con la realidad de la muerte y el Otro Lado.

Francine, por favor cuéntanos acerca de tu vida en el Otro Lado.

La mayor parte de mi tiempo es devotado a guiar a Sylvia y observar a sus seres queridos. También paso mucho tiempo investigando mi comunicación para esos de ustedes en el plano Terrestre con quienes hablo a través del cuerpo de Sylvia en una sesión de trance. Como la mayoría de las otras entidades en el Otro Lado, paso el resto de mi tiempo yendo a discursos, conciertos, fiestas y reuniones sociales con amigos.

Comparada a un estilo de vida normal en el Otro Lado, puede ser algo confinado el ser el control para un médium tal como Sylvia. Pero también, la duración de la vida de Sylvia en el plano Terrestre parece más larga que en el Otro Lado.

Socializo con mis amigos tanto como es posible y seguido consulto con Raheim (el otro guía espiritual de Sylvia), con los ancianos, y Jesús acerca de Sylvia y el trabajo de su vida. Me mantengo informada de los últimos descubrimientos en la ciencia y las artes y especialmente con esos desarrollos que tratan con el plano Terrestre. Necesito hacer esto en orden para contestar las preguntas y tratar con los varios problemas enfrentados por las entidades quienes están ahora encarnadas.

Cuando termine mi trabajo como guía de Sylvia, regresaré a un estilo de vida normal. Continuaré trabajando en el Centro de Orientación desde que eso es una de mis funciones primarias en el Otro Lado.

He escogido avanzar y perfeccionar mi alma haciendo trabajo en el Otro Lado, en lugar de tener un gran número de encarnaciones. Es un proceso de evolución más lento, pero de todas maneras, tengo una eternidad para completarlo. No me gusta encarnar (como la mayoría de entidades que conozco); así que, tengo que trabajar y aprender acerca de la negatividad al asociarme con ella—tal como lo hago siendo la guía de Sylvia y estando algo "humanizada" para mejor relacionarme con esos a quien yo sirvo.

Para Concluir . . .

La información que te he dado acerca del "Otro Lado" tiene un propósito. Es parte de mi función como guía para una médium, Sylvia Browne. Se me ha dado la responsabilidad de comunicar la verdad a tu plano y ayudar a tantos de ustedes como yo pueda—con el conocimiento que hay un propósito para tu existencia; y de que Dios te ama, te cuida, y te creó como una parte de Él mismo.

La Mayoría de ustedes aceptará ésta información, la tomarán de corazón, y la utilizarán. Tú eres el afortunado; conoces la verdad cuando la confrontas. Tú la aceptas y la usas para ti mismos y para los demás. Tú ganas conocimiento que te ayudará a sobrevivir tu realmo de negatividad, y puedes entender su propósito. Tú no haces nada más que obtener espiritualidad para tu propio nivel escogido de avanzamiento, porque tú eres el que debe compartir la responsabilidad de dar este conocimiento a otros quienes no la tienen. Tú harás esto porque eres una entidad quien está más avanzada, más amorosa, y más representativa de la imagen de Dios. *Tú harás esto porque es la verdad.*

Para esos de ustedes quien absolutamente no creen en la información presentada aquí en estos capítulos, trata de mantener una mente abierta. Aún si no pueden aceptar la mayor parte de esto, conviértanlo en algo lógico en lugar de algo como en los sistemas de creencias que han programado y detenido a tu búsqueda para la verdad. Yo digo esto no para cambiarte, pero para hacer las cosas un poco más fácil para ti. Tengo una ventaja sobre de ti: Yo *sé* que es verdad. Yo sé que tú serás confrontado con ella y no podrás refutarla cuando llegue el momento de hacer la transición al Otro Lado. Tú conocerás entonces que es la verdad, y a lo mejor estarás algo triste porque no la aceptaste cuando estabas encarnado. No te desconsueles—todos avanzamos de acuerdo al plan que el "Dios interno" ha escogido.

§ Parte III §

Reencarnación

El comienzo

La creencia en la reencarnación es tan antigua como los orígenes de la humanidad, especialmente desde que el concepto del "renacimiento" es tan evidente y prominente en la naturaleza. El sol "renace" diario después de "morir" al anochecer. Las estaciones vienen y van, pero ellas siempre regresan al comienzo de su ciclo. La naturaleza es una gran maestra—provocando a la gente primitiva a emular e incorporarla dentro de sus muchas creencias y rituales.

Cómo iba avanzando la humanidad y sus procesos de pensamiento se volvían más complicados, así también lo hicieron sus creencias en la reencarnación. La reencarnación significa algo completamente diferente para un Hindú, para un Musulmán o para un Cristiano. La filosofía de la reencarnación para los Budistas también varía de esos que son seguidores de Confucio. Sin embargo éstas diferencias son primariamente dogmáticas. La cultura, religión, ritual, y tradición todo influye el entero concepto de la reencarnación.

Si tú de alguna manera has investigado la reencarnación, probablemente te has dado cuenta que la mayoría de las diferencias en creencias son pequeñas—por supuesto, con unas pocas excepciones. Las premisas básicas son similares para la mayoría de las culturas, y el hecho que parece unir a todas las religiones y culturas en esto: *¡Más de dos-tercios de la gente en este mundo cree en la reencarnación de una forma u otra!*

¿Así que, por qué la mayoría de la población del mundo cree en la reencarnación? ¿Es por la razón de la religión, la cultura, o la tradición? ¿Sale de las creencias innatas primitivas de los seres humano? ¿Qué está dentro de los seres humanos que los hacen creer en la reencarnación?

Yo (Francine) creo que la respuesta es: *La verdad.* Mientras tú lees ésta sección, pienso que la mayoría de ustedes verán la lógica detrás de ello. He tratado de simplificar y completamente explicar, en una secuencia lógica, el concepto de la reencarnación. En muchas áreas mis puntos de vista pueden estar en conflicto con el existente dogma en el tópico, pero yo creo que el siguiente material no sólo es la más comprensiva explicación de las muchas facetas de la reencarnación, pero también es la más certera interpretación hoy en existencia.

El Propósito de la Reencarnación

En términos simples, el propósito de la reencarnación es el perfeccionar el alma para obtener experiencia y conocimiento en un ambiente físico. Tu Tierra es tal lugar para completar esto. Tú sabes que necesitas aire para respirar, comida para comer, y guarida para protegerte de los rigores de la naturaleza. Tú sabes que compartes este mundo con billones de otras formas de vida que te ayudan a sobrevivir. Tú sabes que tu mundo básicamente consiste de tierra y agua, también usado para la sobre vivencia. Finalmente, tú sabes que todos los humanos experimentan ambas situaciones de vida las positivas y negativas.

El mundo físico es un lugar de aprendizaje para tu alma. Sólo ahí tú puedes experimentar eventos negativos y un trauma. Sólo ahí puede tu alma poner a prueba su fuerza al venir cara a cara con dificultades. Sólo ahí puedes sentirte solo, temeroso, y abandonado. Pero la verdad es que Dios siempre está presente contigo, como explicarán las siguientes páginas.

¿Por qué necesitamos encarnar?

El encarnar es una ley natural de progresión. En otras palabras, nos damos cuenta que el tiempo ha llegado para "ir a la escuela". Desde que el Otro Lado es un ambiente perfecto sin la negatividad, un "plano físico" fue creado para que así podamos experimentar y aprender acerca de las fuerzas negativas.

En toda honestidad, algunas almas nunca encarnan. Consecuentemente, su escala a la perfección es lenta y tediosa porque ellas no pueden perfeccionar en un ambiente que está sin fallas. Se les lleva a ellos mucho más tiempo porque no pueden experimentar lo negativo; sólo pueden observarlo. Sus almas no han sido puestas a "prueba" por la negatividad.

Por otro lado, hay pocas almas quienes reencarnan en cada siglo. Ellas verdaderamente desean el grado más alto de experiencia. Hay algunas entidades—las excepciones raras—quienes nunca escogen permanecer en el Otro Lado por ningún periodo de tiempo. Ellas constantemente regresan dentro de vidas. Para la mayoría de nosotros quienes hemos avanzado, encontramos esto muy deprimente.

¿Arreglamos una meta para nuestra perfección?

Sí, definitivamente. Cada entidad escoge un tema mayor para perfeccionar, junto con dos o tres subtemas en adicción al tema principal. Esto sería comparable al tomar un campo mayor y menor de estudio en el colegio. Nos especializamos en un particular tema que se extiende dentro de otras áreas relacionadas. Somos lo que tú podrías llamar "especialistas", porque todos somos individuales, pero experimentamos aspectos diferentes de la vida y la negatividad. Esto, por supuesto, es verdad aún en el Otro Lado, porque cada uno de nosotros seleccionamos nuestro nivel de conocimiento y perfección.

Cargamos con un tema principal por todas nuestra encarnaciones, aún en las situaciones, las variaciones y los ambientes diferentes. Naturalmente, esto tiene un impacto tremendo en nuestras personalidades, las cuales mantenemos por todas nuestras vidas aquí y en el Otro Lado.

Cuando escogemos un tema, también seleccionamos la cantidad de conocimiento que deseamos obtener durante la duración de ese tema. Otra vez, podemos comparar esto a estudiantes quienes desean obtener un doctorado, a otros quienes están muy satisfechos con un diploma de preparatoria. Al escoger un tema, puede que sólo deseemos experimentar parte de ello, o tanto como sea humanamente posible.

Los temas pueden ser definidos como un "punto de referencia" de la experiencia, o el "estado de animo" que influye en todas las experiencias. Hay 45 temas de los que podemos escoger [vea las páginas 104 al 114 de *La Perfección del Alma* donde encontrará la lista entera]. ¿Se me ha preguntado seguido, por qué 45? ¿Por qué no 100? El número no importa mientras que la totalidad de la experiencia sea completada. Desde el empiezo de la reencarnación, hemos encarnado con estos selectos temas y ningún nuevo ha sido agregado o necesitado.

En todos los casos, las encarnaciones son escogidas con el único propósito de alcanzar una meta. En la mayor parte de los casos, ésta meta es la de obtener el conocimiento. Algunos de nosotros podemos escoger el vivir una vida para ayudar a otra persona en su perfección, mientras unos pocos seleccionados pueden hacerlo por causa de una atadura o deuda karmica. En cada caso, algo es siempre aprendido lo cual, en turno, hace que progrese el alma.

¿Desde que encarnamos para perfeccionar, quien juzga nuestro grado de avanzamiento?

Tú lo haces. Tú eres quien conoce lo que más necesitas para aprender. Cuando estás en mi lado, tienes conocimiento de tus cualidades positivas al igual que de tus desventajas. Un genio en tu plano puede usar una décima parte de la capacidad de su mente, pero cuando tú estás en el Otro Lado, usas nueve decimos de tu capacidad. Tú tienes conocimiento completo de donde has estado y adonde vas, y no estás confuso o sin saber. Tu conocimiento es vasto porque puedes recordar no solamente a todas tus encarnaciones pasadas, pero también retienes todo el conocimiento que has obtenido mientras trabajabas y vivías en el Otro Lado.

Este conocimiento está incrustado en tu subconsciente mientras estás en el plano Terrestre, y se habré completamente cuando cruzas de regreso al Otro Lado. Aquí, tú tienes entendimiento completo de que tan lejos tu alma ha progresado al nivel de perfección que tú has escogido. Nadie está vigilándote. Tú eres responsable de tu propio proceso de aprendizaje, al igual como eres responsable de obtener tu nivel escogido de perfección. Si una entidad escoge un nivel de perfección que es similar al de otra entidad, eso no quiere decir que ambos necesariamente escogen el mismo camino para obtenerlo. Tú puedes seleccionar muchas vidas para completar cosas que otros pueden completar en sólo unas pocas vidas. Es tu selección, y no importa como lo haces o que tanto tiempo te tomará.

Cada uno de ustedes tiene una parte de Dios adentro; así que, cuando te juzgas a ti mismo, es esencialmente Dios quien se está juzgando a Si mismo. El proceso de juzgamiento no arbitra entre el bien y el mal, como muchas religiones nos han enseñado. Es más como una evaluación de cómo tú estás progresando. No hay alguien como un San Pedro o alguien más quien te va a condenar por tus acciones. Si tú viviste una vida que no fue particularmente triunfante, solamente tú tomarás la decisión de vivir otra vida para ver si puedes hacerlo mejor. Parte de la razón del por qué existe la reencarnación es para darte todas las oportunidades que necesites para aprender una lección difícil. El concepto completo de perfección no tiene final; tú continuas aprendiendo aún después que paras de encarnar.

¿Avanzan todos a un estado perfecto?

Todos nosotros quienes hemos escogido perfeccionar y experimentar para Dios alcanzaremos nuestro nivel escogido de perfección. Para algunos de nosotros se puede tomar más tiempo que para otros, pero todos lo lograremos. No hay tal cosa como una persona quien no pueda alcanzar su nivel escogido.

¿Si este es el caso, entonces por que algunas personas demuestran no estar avanzadas? No podemos juzgar el alma de una persona, aunque tenemos acceso a sus archivos en mi lado, para así poder evaluar más completamente el progreso de una particular entidad. Pero muchas veces cometemos el error de juzgar el comportamiento de una persona y decimos que ellos no están avanzados. El comportamiento solo no es un criterio certero del avanzamiento. Muchos de ustedes escogen vidas donde se vuelven catalizadores para la búsqueda de perfección de otra persona. Encarnamos para crear cierta situación en el ambiente para la otra persona. En el plano Terrestre, cada victima tiene que tener un victimador, cada seguidor tiene que tener un líder, y cada "bueno" tiene que tener un "malo".

¿Termina alguna vez la reencarnación?

Te debes de dar cuenta de que todos estamos aquí para ayudarnos unos a los otros. Todos deseamos terminar con la reencarnación para que así no tengamos que vivir con la negatividad, aún si es solamente por una fracción de la eternidad. Va a terminar, sin embargo, sólo cuando todos hayan obtenido la cantidad de conocimiento y perfección que ellos ordenaron para si mismos. Cuando todos nosotros hayamos estado lo suficientemente expuestos a ello, y aprendido de las fuerzas negativas, la reencarnación cesará. Ayudándose unos a los otros a obtener la perfección, así terminará más rápidamente.

En acuerdo con los archivos en mi lado y si todos progresan como deben, la reencarnación en la Tierra debe terminar por el año 2100. Esto no quita el hecho de que la reencarnación aún existirá en otros planetas, porque hay billones de planetas que han tenido o aún tienen la capacidad para la reencarnación. Cuando todos los planetas hayan avanzado al punto donde la reencarnación ya no es necesaria, entonces terminará.

¿Por qué olvidamos nuestras vidas pasadas?

Cuando encarnamos, perdemos toda recuerdo consciente de donde venimos, como es ahí, y lo que hemos hecho. El conocimiento consciente de nuestras vidas pasadas nos puede atrasar; nos puede desviar de nuestro sendero presente. También nos puede detener. Las palabras no pueden describir la belleza, la paz, y la felicidad que existe en mi lado: está más haya de una simple descripción. ¡Si retuviéramos ese conocimiento conscientemente y supiéramos que teníamos para escoger entre vivir en un paraíso hermoso o en "barrio" de negatividad, la mayoría de nosotros estaríamos brincando de puentes para regresar a Casa!

Hay, sin embargo, varias entidades en el lado Terrestre quienes recuerdan partes y pedacitos de su pasado. Esto es a causa de un "filtraje subconsciente", porque nuestra memoria del pasado y del Otro Lado está enterrada en la mente subconsciente. Algunos de nosotros podemos "saber" o sospechar que hemos vivido antes en otra vida—probablemente en otro país, tiempo y situación racial o étnica. Podemos ver viñetas de vidas pasadas en los sueños, o experimentar un "deja vu" cuando visitamos ciertos lugares. Desde que nuestra mente subconsciente tiene tanto conocimiento, de vez en cuando tiene que haber unos pocos filtrajes. Muchos de nosotros, sin embargo, no los reconocemos.

Hay varias entidades avanzadas encarnadas quienes recuerdan sus vidas pasadas y por esa razón rápidamente aceptan el Otro Lado. La mayoría de nosotros no recordamos, y realmente no se supone que debemos de hacerlo. Escogemos una vida para aprender y perfeccionar—para hacer el trabajo más difícil y avanzar más rápidamente—y escogemos el no tener la memoria completa para que así podamos aprender nuestras lecciones "a lo duro". Hemos encontrado que éstas lecciones tienen un significado más profundo e influyen más en nuestra alma.

Esto no significa que la remembranza de vidas pasadas y el Otro Lado es detrimental; de hecho, muchas veces puede ser beneficial y nos ayuda a avanzar más rápidamente. Sin importar de cuanto recordamos de nuestro subconsciente, hay un regulador construido dentro que no permitirá el acceso completo al Otro Lado. Si algunas personas tienen una memoria de su pasado, ellos sólo pueden ver un pequeño segmento de ello.

¿Influyen las vidas previas en nuestra vida actual?

Muy definitivamente lo hacen, sin embargo la mayoría de ustedes no lo saben. Tus gustos y repelencias en esta vida son influenciadas por tus vidas previas. Tú personalidad ha sido profundamente afectada y erigida por las encarnaciones previas. Otras áreas en las que tus vidas pasadas pueden influenciar tremendamente incluyen: la salud física, apariencia, raza, creencia, religión, sistemas de valor, riqueza, hábitos, talentos artísticos de cualquier clase, sexo, y puedo seguir y seguir, pero creo que ya tienes una idea. Todo en tu presente vida es afectada por tus vidas pasadas.

En muchos casos, la negatividad en el plano Terrestre es perpetuado por la influencia de las vidas pasadas. La discriminación y el odio racial son ejemplos principales. Casi todos en un tiempo o en otro ha experimentado tales discriminaciones—algunos de ustedes aún funcionando como ambos la victima *y* el ofensor.

Mira a tu vida y analízala como de alguien que está encarnado. Tú puedes descubrir cuantos de tus intereses, hábitos, gustos, y repelencias pueden ser el resultado directo de una vida pasada. ¿Está tu casa amueblada de una particular decoración? ¿Te gustan ciertas comidas más que otras? ¿Vas de vacaciones a cierto lugar todo el tiempo? ¿Te sientes incomodo con un cierto grupo étnico? Te puedes sorprender de saber cuanta influencia el pasado puede tener en tu vida.

¿Hay algún beneficio real al recordar las vidas pasadas?

Para la mayoría de ustedes, yo diría que sí. El beneficio principal es terapéutico en naturaleza, pero desafortunadamente, la mayoría de los terapeutas que practican hoy no incorporan la premisa de la reencarnación dentro de su metodología. Consecuentemente, ellos ignoran a uno de los modos principales de sanamiento—para el alivio de ambos problemas, el físico y mental—para individuos: la terapia de vidas pasadas.

La terapia de vidas pasadas, por medio del uso de regresión hipnótica, ha sacado resultados asombrosos de esos quienes la utilizan. Sylvia la ha usado muchas veces y efectuado el bienestar (en una particular sesión) en clientes quienes han estado en tratamiento psicoanalítico o médico por años.

La mayoría de las fobias que no tienen razón para existir o puedan ser rastreadas a un incidente en la vida presente de alguien son usualmente el resultado de una experiencia de vida pasada. De hecho, muchos incidentes traumáticos que una persona ha pasado en vidas previas pueden ser iniciados por circunstancias similares en su vida presente. Muchas enfermedades, las cuales los doctores determinan como "psicosomáticas", son frecuentemente una "carga" de encarnaciones pasadas.

Por ejemplo, a cierta edad, un actor famoso empezó a experimentar un dolor agudo en la región del plexo solar de su cuerpo. Después de ver a numerosos doctores, ninguno de ellos pudo descubrir la razón para el dolor, así que él consultó a un psíquico. El psíquico determinó que este actor había sido "atravesado" con una espada en esa particular área de su cuerpo durante una vida pasada. Una vez que él descubrió esto, el actor ya no experimento ningún dolor. Este es un ejemplo clave de cómo una "carga" de una vida pasada puede afectarte.

Para desarrollar tu recolección de vidas pasadas, el hipnosis es considerado el método más seguro y valido. La iglesia de Sylvia tiene muchos hipnotizadores profesionales que conducen regresiones de vidas pasadas. Casi todo aquel quien recibe una regresión de vidas pasadas despues de ello se siente mejor, mentalmente y físicamente, pero si tú tomas parte en este proceso, prepárate para una descarga emocional. Algunos de los asuntos que tú puedes resolver con éste método son: enfermedades psicosomáticas, fobias, hábitos, un propósito de vida mal guiado, preguntas acerca de tus temas, problemas de relaciones, y muchos más. Los beneficios son muchos, sin embargo esto no es para todos.

¿Qué es una transmigración?

La transmigración es la creencia de que, después de la muerte, tu alma puede entrar a cualquier tipo de cuerpo, desde la forma más baja de vida—tal como la de un insecto—a un ser humano. Si tú viviste una "mala" vida, tú eres colocado dentro de una forma baja de vida, dependiendo en la inmensidad de tu maldad. Si tú dirigiste una "buena" vida, tu alma será colocada dentro de una forma elevada—la humana.

¿Encarnamos como animales o dentro de otras formas de vida?

No. Las especies permanecen puras a su especie. En el origen de la reencarnación. Observamos formas "más bajas" de vida avanzar en su propia dimensión. Este descubrimiento traspiró a razón de un interés personal, cuidado y la búsqueda de conocimiento; fue únicamente una investigación. Algunos de nosotros incluso llegamos hasta "compartir" con las fuerzas de vida de las plantas y animales (similar a la manera que lo hago yo cuando Sylvia entra en trance). Desde que nadie puede sostener este "compartimiento" con formas de vida más bajas por ningún largo periodo de tiempo, la práctica fue pronto detenida. A lo mejor, el conocimiento de este compartimiento se "filtró" de la mente subconsciente y empezó la filosofía entera de transmigración.

De cualquier manera, todas las formas de vida permanecen verdaderas a su especie. Los humanos encarnan solamente como seres humanos, y no como otras formas de vida tales como los animales o las plantas. Esas tienen sus propias "almas", por decirlo así, pero ellas no participan en la reencarnación. Cuando los animales mueren, ellos cruzan a mi lado y residen en áreas designadas para ellos. Las plantas, como parte de la naturaleza, son generalmente duplicadas en el Otro Lado.

¿Qué es el karma?

Mi definición del karma es muy sencilla: experiencia. El karma no es nada más que la experiencia que obtienes durante una encarnación. Desdichadamente mucha gente en el plano Terrestre interpreta el karma como un "pago" negativo de acciones malas.

Las filosofías del Oriente miran el karma como un balance externo. Si tú vives una buena vida y haces buenas obras, tú avanzarás tu alma al generar una "buena karma". Si tus acciones son inmorales, tú incurrirás "mala karma" o una "deuda karmica", la cual detendrá la progresión de tu alma. En este contexto, la deuda karmica contribuye grandemente a la creencia de la transmigración.

El karma, cuando es visto como un castigo, puede ser muy duro y sin razón. Ello entonces se vuelve el equivalente al "infierno" Cristiano, el cual es simplemente una táctica de miedo para tener control. El karma, para muchos, es tan estrictamente interpretada que algunas personas no interferirán en la vida de otra persona sin importar las circunstancias. Esto puede dirigir a tragedias que pueden haber sido fácilmente evitadas.

La verdadera interpretación del karma es simplemente...tus experiencias en la vida. Ello no debe prevenirte de ayudar a otros, ni puede incurrir deuda karmica excepto en circunstancias muy raras. La experiencia es necesaria en orden para que progrese y aprenda el alma. El propósito completo de la reencarnación es el confrontar la negatividad, sobrevivirla, y aprender de ello para que así el alma pueda completamente apreciar y conocer lo que significa el ser bueno.

¿Termina algún día el karma?

Sí. Porque el karma no es nada más que la experiencia, cuando todas las almas hayan terminado con su vida física, entonces el entero plano Terrestre cesará de existir. No habrá necesidad para que exista la negatividad porque ya ha sido completamente experimentada. Cuando la necesidad cesa, entonces los planos físicos de existencia terminarán porque ya no serán necesitados.

¿Qué es la deuda karmica?

La deuda karmica es una forma de retribución. Cuando una alma causa daño a otra alma, entonces ella tendrá que enfrentar la reprocación por esa acción. Por ejemplo, si una entidad asesina a otra, entonces ella, en turno, será asesinada, así sea en la misma vida o en otra.

En realidad, muy pocas deudas karmicas son incurridas. Ellas pasan de vez en cuando, pero son casi inexistentes. Pero entonces, puede que preguntes, "¿Pero qué tal acerca de todas las atrocidades cometidas en este mundo? ¿Incurren retribuciones de alguna manera a entidades quienes cometen éstas ofensas?"

La respuesta es sí, pero la retribución no es dada de una base individual. En la completes del tiempo de Dios, todas las entidades quienes perpetúan maldad deben de ser reabsorbidas dentro de la Divinidad. Sin embargo, tales hacedores del mal son necesarios para que el resto de nosotros aprenda de ellos. En el corto tiempo de la vida física, éstas entidades son necesarias para poner a prueba a la fuerza de nuestra alma.

Una deuda karmica es incurrida sólo en casos donde una entidad intenta maliciosamente causar un daño. Las atrocidades son cometidas diariamente, pero la mayoría de estos actos no son intencionales. En su lugar, ellos son causados por la pasión, una creencia (política, religiosa, u otras), o un trastorno mental (causado por la insanidad, una borrachera, abuso de drogas, etcétera). Muy pocas entidades desean maliciosamente lastimar a otra entidad.

En el caso raro de una deuda karmica, la entidad ofensora simplemente experimentará una acción similar que se hará a ella. El propósito de ésta retribución no es para "castigo", pero para ayudar a la entidad aprender el impacto completo de su acción para que así ellos no lo repitan.

¿Qué son las ataduras karmicas?

El término *atadura karmica* es usado para expresar un lazo entre entidades quienes comparten experiencias o situaciones pasadas—así sean buenas o malas. Tan pocas como dos entidades, o tantas como millones, pueden tener una atadura karmica. Las ataduras karmicas están basadas en un número de cosas—en amor, odio, historia étnica o religiosa, la amistad y asuntos no terminados.

Muchos de nosotros tiene por lo menos una atadura karmica, y algunos de nosotros muchas más. ¿Te has alguna vez preguntado el por qué tienes tal afinidad (o repelencia) para otra persona? Muchas veces, es porque tú estás atado karmicamente a esa persona en alguna forma. Vamos a decir que una entidad tiene una repelencia intensa para otra entidad, sin embargo, ellos se sienten atraídos hacia ellos, sin importar el desdeño. Si los Archivos Akashic fueran consultados, puede ser descubierto que éstas entidades han vivido juntos en una encarnación previa, desarrolló una relación pobre, y murió antes de solucionar los problemas entre ellos. Así que, la repelencia actual fue causada por la previa relación pobre, pero la atracción fue el resultado del asunto sin terminar.

¿Hay realmente prueba de la reencarnación?

Me gustaría contestar esto con otra pregunta: ¿Hay realmente prueba de que la reencarnación *no* existe? Ésta pregunta posee un problema más grande para el escéptico que para el creyente. La prueba es intangible. Cuando tú investigues y hagas tu tarea en la existencia de la reencarnación, encontrarás que hay mucha más "prueba" *en favor* que en *contra* de ella.

Si tú estableces tu caso en las leyes de la probabilidad, entonces la existencia de la reencarnación triunfará porque más de dos tercios del mundo cree en ella. Si tú basas tu argumento en documentos históricos, entonces encontrarás que hay muchas referencias a favor de la reencarnación, particularmente en la Biblia. Si tú atribuyes tus descubrimientos en lo lógico, entonces no hay disputa: la reencarnación es más lógica que cualquier otro punto de vista opuesto. Si tú estrictamente dependes en la religión como tu base para una conclusión, entonces el argumento para la reencarnación ganará otra vez, porque sea creído de todo corazón, o por lo menos, tolerado por la vasta mayoría de la población del mundo.

Cuando substanciado por documentos históricos, el caso para la existencia de la reencarnación tiene muchos más seguidores que oponentes. Todas las escrituras religiosas principales mencionan la reencarnación. Ninguna de ellas, incluyendo la Biblia, ha alguna vez declarado que la reencarnación, o la creencia que existe, es falsa. La vasta mayoría de los autores famosos han escrito acerca de la reencarnación; pocos no lo han hecho. Los *Pergaminos del Mar Muerto*, y las escrituras de los Essenes (una secta gnóstica antigua), están haciendo la Cristiandad moderna tomar nota en reanalizar sus enseñanzas teológicas. Estos transcribistas eran reencarnacionistas. Escrituras antiguas de la reencarnación fueron compuestas tan tempranamente como en 2500 B.C. en China. Otras escrituras, tales como esas en Egipto en 3500 B.C., o en China tan temprano como 4500 B.C., todos anteriores que los archivos más antiguos del Judaísmo del cual brotó la Cristiandad.

Grandes filósofos y escritores—tales como Sócrates, Aristotle, Plato, Pitágoras, Lao-tze, Chang-tze, y Plotinus—todos creían en la reencarnación. Teólogos Cristianos—incluyendo San Agustino, San Clemente, Origen, Basilides, apologista Cristiano Tatian, Valentinus, los manes, San Jerónimo, Porphyry, San Pánfilo, Lamblichus, Athenagoras, y San Gregorio—son sólo unos pocos de las legiones quienes creían en la reencarnación. Los pergaminos del Nag-Hammadi indican que Jesús era un Essene, o un estudiante de los Essenes, o por lo menos asociado muy cercanamente con ésta secta (la cual se decía que creían en la reencarnación) durante los "extraviados" o "callados" años de su vida entre las edades de 12 y

30. toda ésta evidencia apoya el argumento *para* la reencarnación, en lugar de *en contra* de ella.

Si tú basas tu caso en lo lógico, la existencia de la reencarnación prevalece. La reencarnación nos llena con explicaciones muy lógicas para las inigualdades en la vida. ¿Por qué nace una persona pobre y otra rica? ¿Por qué una persona muere joven opuestamente a otra quien vive una larga vida? ¿Por qué está una persona deshabilitada, y otra persona está completa? Puedo seguir y seguir con la lista. La existencia de la reencarnación ofrece una razón para éstas injusticias porque presenta el caso que hay más de una vida que vivir.

¿Si Dios es todo amoroso y todo misericordioso (la enseñanza básica de Jesucristo), entonces por qué existe la maldad? La negatividad no puede sobrevivir cuando tú conoces eso a través de la naturaleza amorosa y misericordiosa de Dios, Él te permite encarnar más de una vez para perfeccionar tu alma. Tú entonces puedes experimentar una vida en la cual eres rico, pobre, deshabilitado, completo, joven, o viejo. Lógicamente, la reencarnación no detracta las enseñanzas de Jesús; las engrandece. A Dios no le importa que tanto tiempo se lleva o cuantas vidas tú debes vivir para perfeccionar. Él sólo desea que tú logres la meta mayor—la perfección de tu propia alma.

Si el argumento en contra de la existencia de la reencarnación está basado en la religión, entonces los incrédulos no están bien informados. Todas las religiones orientales apoyan la reencarnación, y las religiones occidentales están rápidamente cambiando su punto de vista. Hoy en día, la mayoría de los Cristianos creen en la reencarnación o la toleran porque de ninguna manera ello detracta de sus enseñanzas. De hecho, ello realmente las agranda.

Si tú investigas la antigua iglesia Cristiana, encontrarás que casi todas las referencias para la reencarnación en la Biblia fueron extraídas por el siglo cuarto. Esto fue un acto de la humanidad, no de Dios; sin importar este atento a erradicar la reencarnación, casi toda secta Cristiana gnóstica aún creía en ella. Estas sectas, en turno, fueron literalmente "acabadas" por la Iglesia antigua. La historia de la Iglesia Cristiana está llena de asesinato, derrame de sangre y tortura. (La Santa Inquisición es un principal ejemplo). Los Cristianos antiguos, quienes creían en la reencarnación, eran mucho más amorosos y comprensivos que los "atacantes" gobernadores de la Iglesia de las Edades Medievales.

Sin tomar en cuenta los muchos argumentos que disputan su existencia, la reencarnación parece tener la mano ganadora—la verdad al final siempre sale a la superficie. Si los escépticos discuten contigo, pídeles que investiguen la reencarnación y traten de comprobar que no existe. Ellos pueden investigar un sin fin, pero no encontrarán ninguna evidencia verdadera contra de ella. No importará esto, porque en su búsqueda, ellos encontrarán tomos de sobre acogedora validación de que es, en realidad, *la verdad*.

¿Encarnamos en el sexo opuesto?

Cada alma es innatamente creada masculina o femenina. Todos ustedes tienen un genero. Cuando encarnas, tú generalmente manifiestas el mismo genero sexual que eres. Casi toda alma, sin embargo, escoge una o dos vidas en el sexo opuesto para ayudar a completar la totalidad de sus experiencias.

Muchas veces una encarnación en el sexo opuesto puede crear confusión. Ésta es una de las causas principales de la homosexualidad. Imagina, si puedes, que tú tienes la mentalidad, las emociones y pensamientos de una entidad femenina, sin embargo tu tienes el cuerpo de una entidad masculina. Esto puede ser algo traumático y con tensión. Esto también es verdad en el caso opuesto cuando una entidad masculina encarna en un cuerpo femenino.

No toda entidad que encarna en el sexo opuesto necesariamente se vuelve en un homosexual. Eso quienes no aun viven vidas que pueden confundir su alma. Por ejemplo, una mujer quien tiene un tremendo empuje y ambición puede posiblemente ser una entidad masculina en un cuerpo femenino, o un hombre quien es mas afeminado en naturaleza puede muy bien ser una entidad femenina en un cuerpo masculino. Cada situación ha sido experimentada por la mayoría de nosotros, pero a causa de la tensión y confusión, usualmente limitamos nuestras encarnaciones en el sexo opuesto.

¿Cuántas vidas vivimos?

No hay un número especifico de vidas que vivimos. La mayoría de nosotros escogemos vivir de entre 20 a 35 vidas. Sin embargo, una entidad puede aún alcanzar su nivel escogido de perfección en sólo unas pocas vidas. Algunas entidades escogen el vivir más de 35 vidas, usualmente para ejecutar misiones especiales para ayudar a otras entidades. No vivimos miles de vidas, como algunas de las filosofías del Este enseñan. Las más encarnaciones que he escuchado que una entidad tuvo fueron 109, pero es realmente raro para una entidad el aproximar unas 70 o 80 vidas.

Como lo declare antes, algunas entidades nunca encarnan, pero eso no es muy usual. Todos encarnan en una o en otra ocasión. Las entidades quienes escogen el vivir solamente unas pocas vidas usualmente eligen unas muy desafiantes porque ellos tienen que acomodar todas sus experiencias dentro de pocas encarnaciones. Esto no necesariamente significa que éstas entidades son más avanzadas; ellas sólo han escogido el llenar sus temas más rápidamente.

El término un *alma vieja* es mal usado muy seguido. Debe ello solamente referirse a una entidad quien ha vivido más vidas que la mayoría. No tiene nada que ver con el tiempo que una entidad fue creada, especialmente desde, en acuerdo con Dios, todas las entidades fueron creadas al mismo tiempo.

Sin importar el número de encarnaciones, los logros más significantes para nosotros es el avanzamiento del alma. Podemos estar tan avanzados como cualquier otro así sea que hayamos vivido unas 20 vidas o 80. No es el número de vidas que vivimos lo que es importante; es lo que completamos en ellas.

Parte IV

Planeando una Encarnación

¿Qué clase de planeamiento es requerido antes de que encarnemos?

Todas las entidades participan en un detallado y efectivo procedimiento de planeamiento antes de que encarnen. Ninguna encarnación es fácil—si no sólo por otra razón del de cruzar dentro de un plano de existencia que corre libre con negatividad. Consecuentemente, cada entidad debe de pasar por un proceso largo en orden para completamente investigar su próxima encarnación. Esto los prepara para la experiencia próxima y los ayuda a conseguir, con más éxito, su propia perfección y progresión.

Cuando una entidad decide encarnar, ellos primero deben aparecen ante el Consejo principal. El Consejo consiste de almas conocedoras quienes actúan como un cuerpo gobernante para el Otro Lado. La entidad traza lo que ellos esperan completar y como planean hacerlo; y el Consejo, en turno, analiza este plan y señala cualquier cosa que fue ignorada. Una vez aprobada, la entidad entonces avanza a un centro de orientación predeterminado para recibir más consejos de unos maestros expertos. Aquí, empieza verdaderamente la preparación—una larga, tediosa, y difícil experiencia—porque la encarnación debe de ser revisada repetidamente para cubrir todos los detalles y asegurar que la meta será lograda.

Una entidad individual puede requerir varios maestros expertos quienes lo ayuden a planear la encarnación. Mientras en el Centro de Orientación, los detalles son entonados hasta el más pequeño detalle para que así la entidad completamente entienda su tarea. Una vez completado este proceso, el cual puede tomar años en tu mesa del tiempo, la entidad escoge el vehículo en el cual encarnar y entrar a la próxima vida por lo que tú puedes llamar el "proceso de nacer".

Para ayudarte a completamente entender el procedimiento completo, ahora explicaré en más detalle cada paso que una entidad toma antes de una encarnación.

Conocimiento del Alma

Cada entidad tiene conocimiento creado innatamente dentro de ellos. Parte de ésta sabiduría los impulsa a experimentar para su Creador, nuestro Dios. Desde el empiezo de su individualidad, cada entidad conoce lo que ellos desean perfeccionar, cual es su tema, y el número aproximado de vidas que se tomará para obtener su propio nivel de perfección.

El conocimiento innato dentro de cada entidad los impulsa a encarnar. Es casi como una campanita que suena dentro de ellos y anuncia: "Es tiempo para encarnar". Cuando el alma recibe ésta señal, ellos empiezan a iniciar los planes para una encarnación.

Una de las primeras cosas que una entidad hace es el revisar su historia pasada, no solamente de sus encarnaciones previas, pero la entera existencia desde su creación inicial. Esto les permite confirmar su progreso en el avanzamiento del alma. Mucha de ésta evaluación es completada a través de su propia memoria, porque está completamente abierta cuando ellos están en el Otro Lado. Ellos también usan otros recursos, tales como las maquinas de examinación, para examinar los pergaminos de sus encarnaciones pasadas y explorar la historia general de la Tierra y otros planetas donde la reencarnación es prevalente.

En el empiezo de la creación, todas las entidades extensivamente examinaron el futuro de todos los planetas. Cuando la reencarnación originó, las entidades investigaron las varias eras de estos planetas que posiblemente pudieran contener un escenario comodatario para su tema y particular perfección. En la Tierra, algunos de estos periodos incluyeron: la edad de Atlantis, la edad de Neandertal, las Edades Doradas de varias civilizaciones, las Edades Oscuras, la Renaissance y la edad Atómica; y cada una podía ofrecer varios retos y oportunidades para perfeccionar el alma.

La mayoría de las entidades escogen el encarnar en "tiempos tumultuosos", opuesto a "tiempos calmados", porque ellas pueden perfeccionar más rápido en un ambiente más negativo. Para empezar, ellas se sientan en salones grandes y examinan varios periodos del tiempo en un tablero masivo de información. Ésta red de información pausará en cada época mayor y señalará varias oportunidades para encarnaciones—dando detalles de lugares geográficos, parentela, historia étnica y racial, hechos políticos y económicos, punto de vistas sociales, y mucho más. De aquí, ellos toman ésta información y la evalúan para sus propias necesidades. Para algunas de las etapas más populares ellas también "compiten" por las varias aperturas para una encarnación.

Al revisar el pasado y explorar las oportunidades ellas necesitan elevar su presente nivel, ellas ahora pueden presentar sus planes al Consejo.

El Consejo

El Consejo es como un cuerpo gobernador para el Otro Lado. Sus responsabilidades incluyen el "aprobar" las aplicaciones de entidades quienes desean encarnar. Esto es nada más una amorosa y protectora formalidad que es observada a razón de la sabiduría combinada de los ancianos que presiden en el Consejo. Una entidad no necesita necesariamente la aprobación para encarnar y unos pocos lo han hecho sin ella. La mayoría de las entidades, sin embargo, buscan la sabiduría del Consejo para ayudar a planear su encarnación porque el conocimiento de los ancianos es vasto, y ellos son entidades muy altamente avanzadas. Es como el viejo dicho: "Dos cabezas son mejores que una". Lo experto y el conocimiento del Consejo combinado con el conocimiento de una entidad promete una encarnación más exitosa.

El Consejo examina el plan sometido en gran detalle. Su conocimiento combinado frecuentemente descubre áreas problema que una entidad no consideró completamente. Ellos también pueden prevenir a una entidad de posibles fracasos, áreas de pre-ocupación, fallas posibles, eventos que pueden cambiar la constitución total de nuestro plan, y las complexidades de tener una voluntad libre. En descubrir éstas sugestiones, el Consejo es muy bondadoso. Su sabiduría alienta a que una entidad revise sus planes y considere todas las posibilidades.

Muchas veces, el Consejo previene a una entidad acerca de una particular encarnación. La entidad es instruida extensivamente, prevenida acerca de la entrada a una vida que es demasiado horrenda, o es demasiado para soportar. Ellos pueden proponer el tomar dos o tres vidas para completar lo que ellos han planeado para sólo una. Algunas entidades no escuchan y discuten con el Consejo, pensando que ellos están justificados. Los ancianos entonces toman una actitud pasiva, porque la voluntad libre de una entidad les permite a encarnar sin importar lo que el Consejo recomiende. Puedo verdaderamente decir, sin embargo, que nunca he visto que los ancianos hayan mal juzgado a alguno de los planes para una encarnación, pero me he dado cuenta de muchas entidades quienes han cometido unos errores desastrosos.

La mayoría de las entidades respetan y escuchan la opinión del Consejo, y generalmente esperan por su aprobación final de los planes para la reencarnación. Una vez que esto es obtenido, las entidades pueden proceder al Centro de Orientación que mejor sirve sus necesidades. Aquí, ellos se encuentran con los maestros expertos y revisan el plan aprobado por el Consejo. Esto puede ser un proceso consumidor de tiempo y los maestros expertos deben familiarizarse con cada detalle que una entidad desea completar. Una entidad puede pasarse años en el Centro de Orientación preparándose para una vida.

Una vez que la entidad y los maestros expertos han estudiado cada aspecto de la encarnación planeada, ellos empiezan a buscar—con la ayuda de un aparato parecido a una computadora—por los padres correctos, el cuerpo correcto, la locación geográfica correcta, el trabajo correcto, cualquier defecto que ellos van a tener, la niñez correcta, cuando ellos van a morir y mucho más. ¿Desean ser ricos o pobres? ¿Desean un padre quien será matriarca o patriarca? ¿Desean padres quienes sean amorosos, divorciados, o vayan a morir? ¿Desean hermanos o hermanas? ¿Cuántos? ¿Desean casarse? ¿Cuántas veces? ¿Qué clase de compañero matrimonial buscan? ¿Desean ser viudos o divorciados? ¿Cuántos niños desean tener? ¿Qué sexo y disposición desean para sus niños? ¿Cuántos nietos desean? ¿Cuántos trabajos desean seguir? ¿Cuánta educación ellos necesitan? ¿Cuáles son sus elecciones para amigos, relaciones, traumas que serán incurridos, o la negatividad que soportarán? ¿Serán ellos religiosos? ¿No religiosos? ¿Qué religión escogerán? ¿Embrazarán muchas religiones? Las elecciones son muchas, y cada detalle es revisado, debatido y discutido.

Después de finalizar el plan básico, la entidad y los maestros expertos empiezan a ver los eventos mayores de ésta encarnación en un aparato que llamamos "el examinador" (similar a una televisión de circuito cerrado). Ellos en realidad observan los eventos mayores y las elecciones que han planeado, miden sus reacciones y analizan sus respuestas emocionales. La entidad repite ésta etapa una y otra vez, incorporando cambios posibles a razón de las elecciones ejercitadas por otra gente con la que ellos puedan encontrarse. Por ejemplo, una entidad puede mirar un particular evento en 100 maneras diferentes para asegurar que las acciones de la otra persona no bloquearan su meta. Así, que no sólo su plan original es examinado, pero escenarios alternativos también son vistos en caso de que hubiera cualquier desviación de su sendero original.

En ésta juntura, una entidad viaja a través de un túnel y entra a un vehículo—su madre—en la encarnación planeada. Es aquí, y hasta que alcanzan la edad de cuatro años, que ellos tienen la oportunidad de regresarse. Este periodo de cuatro años permite a su alma a aclimatarse al plano negativo de la Tierra. Si ellos experimentan un cambio drástico a sus expectaciones o simplemente no pueden aclimatarse, entonces ellos se regresan. Esta es la razón por la cual muchas madres tienen abortos no planeados y el por qué los niños mueren tan pequeños. El alma se da cuenta que las circunstancias no permitirá que su plan tenga éxito, así que ellos se salen y se regresan a Casa.

Examinando una encarnación, hay millones de senderos que una persona puede seguir, pero siempre está el "camino azul"—el sendero más favorable para completar sus metas. Otros caminos se extienden en muchas direcciones diferentes, pero ellos usualmente dirigen de regreso al principal camino azul.

Si, por alguna razón, una entidad se desvía de su camino azul, puede que sea a razón de algún tipo de trastorno, lo que puede hacer que una entidad sienta que está bajo extrema tensión y presión. Esto puede dirigir a un comportamiento destructivo tal como al alcoholismo, abuso de drogas, o en caso extremo, al suicidio. Todas éstas posibilidades son cubiertas por los maestros expertos en el Centro de Orientación.

Durante el proceso de planeamiento, una entidad es rigurosamente instruida a tratar con la tensión y la ansiedad. En la mayoría de los casos, ellos sobreviven, pero no permanecen en el camino azul. Ésta es la razón principal para el planeamiento extensivo, el constante reviso y la programación de la mente subconsciente: para sobrevivir la encarnación y completar todo en el plan.

Cuando todo el planeamiento, consejos y programación son terminados, la entidad entonces encarna. El entero plan para la encarnación está en la mente subconsciente de la entidad y los guías espirituales los cuidan mientras ellos viven sus vidas.

¿Cómo encontramos a la gente y a las situaciones que necesitamos para nuestra perfección?

La población y diversidad de estilos de vida en la Tierra permite a casi cualquier situación que tú desees escoger para tu perfección. Tú puedes encarnar dentro de la cultura más primitiva o la más avanzada. Tú puedes ser un ejecutivo en un rascacielos de la Ciudad de Nueva York o un pigmeo en África. Cualquier situación que tú desees, hay un lugar que acomodará completamente a tu plan de reencarnación.

¿Qué tal si varias entidades escogen al mismo padre o al mismo tiempo?

Ésa es una ocurrencia muy rara, pero puede pasar, cuando pasa, el Consejo revisará todos los planes sometidos para el escenario de la misma encarnación. Entonces, ellos toman una decisión basada en el mérito y el premio de la situación a la entidad quien sacará más de la encarnación. No hay males sentimientos o recriminaciones, como todas las entidades conocen que el Consejo esta haciendo lo mejor para todos los participantes. Todo esfuerzo es hecho para encontrar una situación similar para las otras entidades.

¿Hacemos contratos con otras gentes antes de una encarnación?

La mayoría de las encarnaciones son planeadas con años en adelanto para que así todas las entidades envueltas conozcan subconscientemente los eventos mayores e influencias en sus vidas. Cuando una entidad entra a una encarnación, una cadena enorme de vidas es unida junta, y cada una conoce de las otras.

Por ejemplo, cuando tú planeas una vida, las entidades quienes has escogido como padres no han encarnado aún. Así, que tú los conoces en mi lado y repasan todos tus planes al igual como los de ellos, así creando un "contrato para encarnar juntos". Tú haces esto con todas las entidades mayores quienes influenciaran tu encarnación planeada. No es raro para una entidad reunirse con varias generaciones de una familia, asegurándose que el escenario planeado avanzará y existirá por el tiempo que toma lugar la encarnación.

En casos donde menos tiempo es devotado al planeamiento de una encarnación, las entidades saben que se puede esperar, aún cuando ellos no han conferenciado con todos los participantes. Por ejemplo, tú puedes encarnar sin conocer exactamente quien encarnará como tu hijo. Pero tú conoces que ésta entidad se acomodará dentro de tu plan completo que incorporará como debe ser tu hijo. Esto pasa infrecuentemente, pero no es raro.

A lo mejor el "contrato" más significante que tú haces antes de una encarnación es con tu guía espiritual. Mientras que estás en el Otro Lado, tú escoges a un amigo o a alguien a quien tu respetas y le tienes confianza para que se convierta en tu guía espiritual. Esta es una seria y significante elección porque el guía espiritual debe saber todos tus planes y tratar de guiarte a través de los eventos para que así completes todo lo planeado. Si, por alguna razón, tú te "sales del sendero" en la vida, ellos tratan de traerte de regreso o por lo menos ayudarte a llenar la mayor cosas que tú deseas completar. Ellos observan todas tus acciones y ayudan a evaluar tú vida cuando cruzas a mi lado. La devoción y esfuerzo de una guía espiritual es felizmente proveída, como ellos todos desean ayudar a todos a lograr su perfección.

¿Cómo es el proceso de nacimiento?

Antes de que una entidad encarna entra a lo que llamamos el "Salón de la Sabiduría". Este es un edificio muy hermoso. Construido como el Partenón Griego, con mármol rosa por dondequiera. Aquí, una entidad se prepara para la experiencia de la vida. Ellos meditan y examinan su vida planeada una vez más con los maestros expertos. Tú debes de saber que la mayoría de las entidades quienes encarnan realmente no les gusta hacerlo, porque eso significa el dejar la realidad positiva y moverse dentro de un plano de negatividad donde pierden su memoria conciente de su Hogar. No es una experiencia placentera.

Al completar cualquier preparación de último minuto en el Salón de Sabiduría, entramos a un túnel vaporizado—un puente entre las dos dimensiones—el plano de la tierra y el Otro Lado.

Así sea para entrar a un nuevo cuerpo o dejando a un viejo cuerpo después de la muerte física, usamos ésta pasada para trascender de una dimensión a la otra. El túnel es como un vórtice o un abismo, el cual es a veces muy oscuro pero tiene una luz al final de él. Cuando entramos, sentimos un viento que viene hacia nosotros— no es un fuerte viento—pero una calmada y suave brisa.

Como vamos por el túnel y dentro de un cuerpo nuevo, la memoria conciente empieza a desvanecerse. Muchos de nosotros tratamos de mantener nuestros pensamientos intactos, pero ninguno de nosotros ha tenido éxito. Ésta pasada puede ser algo asustadiza, sin embargo los maestros expertos tratan de prepararnos completamente para la experiencia.

Porque los pensamientos son cosas y nos podemos transportar con el pensamiento, ya hemos localizado el vehículo (el cuerpo de la madre) en el cual vamos a encarnar. Como nos movemos a través del túnel, empezamos en un estado muy sólido y luego, como nos movemos más dentro, nos volvemos muy etéreos, casi como una "masa nublada". (Debe de notarse aquí que las entidades en el Otro Lado son más sólidas que los seres humanos porque ellos están en la realidad verdadera). En este punto, como todas las demás entidades, entramos en el cuerpo de la madre a través de la glándula pituitaria y luego nos movemos al feto. El proceso entero se toma no más de dos y medio minutos.

Muchas mujeres han en realidad sentido la entrada del alma (de quien va a ser su niño) dentro de su cuerpo. Ellas experimentan una gran emoción que no tiene descripción, y también les brotan lágrimas de dicha como resultado de este sentimiento eufórico. La sensación es tan breve, sin embargo, que la mayoría de las mujeres piensan que es un desbalance hormonal o sólo algún extraño y fluctuante sentimiento. Pero es realmente el alma que está entrando al cuerpo y la mente subconsciente reconoce la entrada.

La mayoría de las entidades entran a la matriz de la madre de los cuatro a ocho meses en el embarazo. Las entidades más experimentadas usualmente encarnan durante el séptimo u octavo mes porque esperando en la matriz puede ser muy aburrido. Aunque perdemos la mayor parte de nuestra memoria consciente en el proceso del nacimiento, nuestro subconsciente está funcionando lleno y completamente. Las entidades esperando en la matriz son mucha más astutas de lo que te puedas imaginar. Ellas rápidamente absorben lo que está pasando alrededor de la madre, así que ten cuidado de lo que dices alrededor de los bebés, así sean ellos recién nacidos o aún estén en la matriz.

Uno de los traumas más severos que podemos experimentar es el proceso del nacimiento. Empezamos en un templado, protegido y positivo plano de existencia (el Otro Lado), y procedemos dentro de un espacio apretado (la matriz). De ahí, somos aventados dentro del mundo con sus luces brillantes y altos ruidos, y hay unas manos ásperas jalándonos a una atmósfera fría y pesada. Nuestro pequeño cuerpo se siente como que estamos encajados en plomo. El cuerpo físico es la cosa más difícil de adaptar mientras que encarnamos. Es mucho más pesado en comparación al cuerpo que tenemos en el Otro Lado. El nivel vibracional del plano Terrestre también es más bajo y más ponderoso, así que la gravedad nos hace sentir como si estuviéramos cubiertos con cemento. El proceso de nacimiento sin duda confirma el hecho de que estamos verdaderamente en un plano negativo de existencia.

Parte V

NO JUZGUES

La cosa importante de recordar acerca de la premisa de la reencarnación no es tanto sus complicaciones, pero su filosofía y la razón para ser. Dios deseaba que todas las creaciones experimentaran el conocimiento para Él. La sabiduría envuelve a ambos lo positivo y negativo. Desde que Dios es todo amoroso y todo misericordioso, Él creo una realidad que es nada más energía positiva (el Otro Lado), en el cual todas Sus creaciones pueden residir por una eternidad. Para ayudar a Sus creaciones aprender acerca del lado negativo de la experiencia, el plano Terrestre y otros como el fueron creados. Este plano temporáneo de existencia te permite experimentar lo negativo, pero sólo por muy corto tiempo.

Reconociendo el efecto de la negatividad en el alma y dándose cuenta que el cuerpo tremendamente grande de la experiencia no puede ser completada toda a la vez, Dios instituyó la reencarnación. Porque Sus creaciones deben de tener ésta sabiduría para la perfección del alma, la reencarnación fue implementada. Sin embargo, si tú puedes soportar pequeñas dosis de negatividad en un ambiente positivo con "periodos de descanso" entre ellos, sería mucho menos traumático.

No es fácil el sobrevivir en un ambiente negativo y es difícil el ser sometido al dolor que transpira en el plano Terrestre. Para ayudarte a entender más completamente que tu mundo tiene un plan Divino, conoce esto: *La Tierra debe de ser negativa y siempre permanecerá negativa hasta que Dios se deshaga de ella. Es la escuela para tu alma—para aprender de ella y experimentar la negatividad.*

Puede ser difícil para algunos de ustedes el aceptar el hecho de que el plano Terrestre siempre será negativo. Tú tratas de crear bondad en el mundo. Tú tratas de terminar con el sufrimiento. Tú tratas de detener el asesinato de otros seres humanos. Ciertamente, tú haces todo eso. Tú estarías fallando en tu responsabilidad a Dios si no lo hicieras. Tú debes de recordar, sin embargo, que se hace esto de la necesidad. ¿Si la negatividad no existiera, en contra de que pelearías? Tú aprendes acerca de ti mismo cuando peleas en contra de una injusticia. Tú las miras, la atacas, tratas de suprimirla y la experimentas para que así conozcas todas sus facetas, todas sus formas y todos sus efectos.

Al pelear con la negatividad, tú debes de tener cuidado en no crear más de ella. Tú no puedes deshacer la Tierra de la negatividad—ella se supone estar aquí—pero tú puedes hacer tu propia isla de Luz y encontrar a otros quienes profesan la misma creencia. Si tú te vuelves muy celosa en tu batalla contra la negatividad, tú puedes últimamente perpetuarla.

¡No juzgues! Esto debe de ser tu grito de batalla. Jesucristo dijo cuando el gentío deseaba apedrear a Maria Magdalena. Tú sólo puedes juzgarte a ti mismo. Nadie más tiene el derecho para hacerlo. ¿Cómo alguien puede saber la razón atrás de una acción sin reconocer el motivo para ella? ¿Cómo alguien puede discernir el verdadero motivo sin el conocimiento del alma quien cometió el acto? Ninguna persona encarnada puede percibir éstas cosas. Sólo las entidades en el Otro Lado pueden saber—y sólo por razón de los Archivos. La mente subconsciente de la entidad cometiendo el acto tiene conocimiento de la razón y el único otro Ser quien la conoce es Dios.

Si una persona comete una atrocidad, tú puedes juzgar el acto— *pero no el alma de quien cometió el acto.* Tú juzgas y castigas las acciones negativas para así tener algún control y orden en tu sociedad. Sin embargo, el alma de una entidad no puede ser juzgada.

Vamos a decir que una entidad desea experimentar el acto de ser asesinado. Mientras está en el Otro Lado, ellos hicieron un "contrato" con otra persona, quien desea experimentar la cárcel y el volverse su asesino. Ambas entidades entran y el asesinato es cometido en su propio tiempo escogido. La sociedad juzga a la entidad quien cometió el asesinato y lo envía a la prisión. La mayoría de la gente lo juzgaría como un alma perdida quien está más allá de la redención. La sociedad hizo lo que tenía que hacer para mantener el orden. Los otros quienes juzgan el alma como una sin salvación están equivocados.

El juzgamiento erróneo perpetua a la negatividad. Tanto racismo y odio ha sido creado por el pre juzgamiento de otras culturas y grupos étnicos. Tantas atrocidades se han cometido en el nombre de Dios para salvar al "condenado". Tantas culturas han sido destruidas por esos quienes piensan que saben más. ¿Cuándo va a terminar? Terminará cuando pares de tratar de ser Dios en la Tierra y te refrenes de juzgar a otros.

Tú debes de vivir tu vida lo mejor como puedas. Tú vas a cometer errores, pero vas a aprender de ellos. Si tú puedes mantener un motivo puro en todos tus pensamientos y acciones, entonces conocerás dentro de tu propia alma que estás haciendo la cosa correcta. Se un líder, no un seguidor. No permitas que la gente te influya a pre juzgar a otros. Mantén una mente y corazón abierto y acepta a todas las almas tanto como posiblemente lo puedas hacer. Simplifica tu vida al darte cuenta que estás experimentando para Dios. Haz todo esto y tu alma brillará como un faro para que otros lo sigan. Haz todo esto y tú completarás tu destino y te parará orgullosamente ante Dios cuando regreses a Casa.

Acerca de la Autora

Millones de personas han sido testigos del increíble poder psíquico de **Sylvia Browne** en los programas de televisión tales como *Montel Williams, Larry King Live, Entertainment Tonight,* y *Unsolved Mysteries*; ella también ha sido entrevistada por las revistas *Cosmopolitan, People* y por otros medios de información nacional. Sus acertadas lecturas psíquicas han ayudado a la policía a resolver crímenes, y ella ha asombrado a las audiencias donde quiera que aparece. Sylvia es la autora de numerosos libros y cintas; es la presidenta de Sylvia Browne Corporation; y es la fundadora de su iglesia, la Society of Novus Spiritus, localizada en Campbell, California.

Comunícate con Sylvia Browne al:

www.sylvia.org

o

Sylvia Browne Corporation

35 Dillon Ave.

Campbell, CA 95008

(408) 379-7070

Otros Títulos en Español de Hay House

§ § §

Notas

Notas

Esperamos que haya disfrutado de este
libro de Hay House. Si usted desea recibir
un catálogo gratis demostrando libros y
productos adicionales de Hay House, o si
desea información de la Fundación Hay
(Hay Foundation), por favor comuníquese a:

Hay House, Inc.
P.O. Box 5100
Carlsbad, CA 92018-5100

(760) 431-7695 o al **(800) 654-5126**
(760) 431-6948 (fax) o al **(800) 650-5115 (fax)**

Hay House Australia Pty Ltd.
P.O. Box 515
Brighton-Le-Sands, NSW 2216
télefono: 1800 023 516
e-mail: info@hayhouse.com.au

Por favor visite la información en el
Internet de Hay House: **hayhouse.com**

Si desea recibir un catálogo de libros y productos de Hay House, o si desea información acerca de la Fundación Hay (Hay Foundation), por favor, desprenda y envíe este cuestionario.

Esperamos que usted haya encontrado este producto valioso. Por favor ayúdenos a evaluar nuestro programa de distribución llenando este breve cuestionario. En cuanto recibamos esta tarjeta, le enviaremos su catálogo inmediatamente.

NOMBRE

DIRECCION

Compré este libro en:

☐ Nombre de la tienda o librería
   Ciudad

☐ Otro (Catálogo, Conferencia, Taller Educativo)
   Especifique

Esperamos que usted haya encontrado este producto valioso. Por favor ayúdenos a evaluar nuestro programa de distribución llenando este breve cuestionario. En cuanto recibamos esta tarjeta, le enviaremos su catálogo inmediatamente

NOMBRE

DIRECCION

Compré este libro en:

☐ Nombre de la tienda o librería
   Ciudad

☐ Otro (Catálogo, Conferencia, Taller Educativo)
   Especifique

HAY HOUSE, INC.
P.O. Box 5100
Carlsbad, CA 92018-5100

HAY HOUSE, INC.
P.O. Box 5100
Carlsbad, CA 92018-5100